Lena Weichelt

Für immer schön

Lena Weichelt

Mit den Promis:

Isabella Müller
Dr. Renee Moore-Seiwert
Tara von TamTamBeauty
Sofia K. Weichelt

Für immer schön

Die 4 Schlüssel zu wahrer innerer und äußerer Schönheit

Dieses Buch widme ich ...

... meinen drei wunderschönen Töchtern
Anastasia, Sofia und Katerina.

Ich bin mir sicher, dass viel Schönes und Einzigartiges in jedem von euch steckt. Ich glaube, dass ihr euren eigenen Weg zur inneren und äußeren Schönheit findet. Ich wünsche euch, dass ihr selbstbewusst und glücklich durch das Leben geht. Träumt viel, verfolgt mit Freude und Ehrgeiz eure Ziele und glaubt an euch.
Euer Glaube an euch selbst wird Berge versetzen.

Inhalt

9   Einführung

Schlüssel 1 Finde Dich selbst
14 1.1. Wie alles begann
18 1.2. Wer bist du eigentlich?
20 1.3. „Du bist schön, genauso wie du bist"
    – was dieser Ausdruck für mich bedeutet
24 1.4. Das Leben verändern mit der Kraft
    der Gedanken
35 1.5. Nimm das Steuer selbst in die Hand und bestimme
    deinen Lebensweg
40 1.6. Bist du bereit, die neue Brille aufzusetzen?
42 1.7. Warum die meisten scheitern
44 1.8. Richte deinen Fokus ein
45 1.9. Befreie dich von schlechte Energie
46 1.10. Wie du dir Ziele setzt, die in Erfüllung gehen
51 1.11. Es ist Zeit, durchzustarten
53 1.12. Schneller zum Ziel
55 1.13. Zeit zu ernten: Erfolge festhalten und feiern
56 1.14. Die Lügen, die wir uns selbst einreden
58 1.15. Das Gesetz von Geben und Nehmen

Schlüssel 2 Liebe Dich selbst
62 2.1. Du bist so hübsch, wie du dich fühlst
68 2.2. Was hält dich zurück, sich selbst zu lieben?
72 2.4. Wie kannst du für dich sorgen?
75 2.5. Pause, bitte!
76 2.6. Du bist die Nummer 1!
79 2.7. Dein wahres Ich
81 2.8. Tausende Gründe, um dankbar zu sein
83 2.9. Bist du dein eigener Freund oder Feind?
84 2.10. Eine positive Einstellung zu sich selbst erschaffen

Schlüssel 3 Balance im Alltag finden

- 92   3.1. Leben ohne Stress
- 93   3.2. Ausreichend schlafen
- 95   3.3. Dein perfekter Start in den Tag
- 100   3.4. Sich durch sportliche Aktivitäten glücklich fühlen
- 107   3.5. Meditation
- 109   3.6. Musik
- 110   3.7. Yoga

Schlüssel 4 Äußere Schönheit beeinflussen

- 114   4.1. Was beeinflusst deine Haut?
- 125   4.2. Diese Lebensmittel solltest du vermeiden
- 129   4.3. Schritte zur schönen Haut
- 132   4.4. Lebenselixier – das Wasser
- 135   4.5. Kosmetikbesuch
- 143   4.6. Warum ist Hautpflege wichtig?
- 146   4.7. Dein perfekter Pflegeplan
- 156   4.8. Gesichtsyoga – Das „natürliche Botox"
- 161   4.9. Welche Auswirkungen hat die Sonne auf unreine Haut?
- 163   4.10. Machen dir deine Augenringe Sorgen?
- 166   4.11. Dekorative Kosmetik

Interviews mit Promis

- 189   Interview mit Isabella Müller
- 197   Interview mit Dr. Renee Moore-Seiwert
- 207   Interview mit Tara von TamTamBeauty
- 217   Interview mit Sofia K. Weichelt

- 229   Meine finalen Schönheitsworte
- 236   Literaturverzeichnis

Einführung

Dir ist es nicht egal, wie du momentan aussiehst, sonst hättest du dir dieses Buch nicht gekauft. Du möchtest dich verbessern, weißt jedoch nicht, wo du anfangen sollst. Bist du mit deinem Aussehen, deiner Gesundheit, Arbeit oder Partnerschaft unzufrieden? Denkst du, dass dein Leben besser sein kann?

In diesem Buch lade ich dich ein, dich selbst kennenzulernen und etwas ganz Neues in dir zu entdecken – Positives wie Negatives. Das ist wichtig für deine Balance im Leben. Je besser du dich kennst und je früher du dich kennenlernst, desto leichter und kraftvoller gehst du durch das Leben. So wirst du nicht mehr das Leben der anderen Menschen leben, sondern dein eigenes – voller Glück, Liebe und Zufriedenheit.

Je besser du dich selbst kennst, desto liebevoller und fürsorglicher gehst du mit dir um. Es ist sehr wichtig, dich selbst, deinen Körper und deine Seele zu kennen und zuzuhören, wenn sie dir etwas sagen wollen. So wirst du nicht nur deinen inneren Kampf auflösen und weniger Stress haben, sondern auch ausgeglichener und entspannter sein. Dieser Zustand gibt dir viel mehr Kraft sowie Energie und befreit dich aus deinem Stresszustand. Hätte ich diese Geheimnisse in meinem jungen Alter gekannt, wäre mein Leben bestimmt etwas anders verlaufen. Deswegen möchte ich, dass du dieses Buch in die Hand nimmst, viel über dich selbst lernst und das Gelernte in deinem Leben umsetzt.

Die Selbstfindung ist eine spannende Reise, welche dich dazu bringt, dich selbst kennenzulernen, eigene Stärken und Schwächen zu erkennen und deine eigenen Grenzen zu erfahren. Dieses Buch zeigt dir die Schritte zu deinem besten Ich, einer strahlenden Haut und einer inneren Ausgeglichenheit. Ich möchte, dass du tief in dich selbst hineintauchst und dir ganz bewusst Zeit für dich nimmst, um diese Entdeckungsreise deiner Persönlichkeit und Einzigartigkeit zu beginnen. Ich bin mir sicher, dass du deinen persönlichen Weg zu dir selbst findest.

Seit mehr als 10 Jahren bin ich als Kosmetik-Expertin tätig. Seit dieser Zeit führe ich erfolgreich zwei Kosmetikstudios. Der Leitgedanke meiner Studios ist es, die natürliche innere, aber auch äußere Schönheit von Frauen ans Licht zu bringen und ihr Selbstbewusstsein zu stärken, sodass sie schön und glücklich im Leben sind und dieses Glück mit anderen teilen.

Da ich täglich von meinen Kunden viele verschiedene Fragen zum Thema Schönheit und Hautpflege bekomme, ist mir die Idee gekommen, dieses Buch zu schreiben. Ich möchte dir in diesem Buch die vier Schlüssel an die Hand geben, um dir die Tür zu öffnen zu Schönheit und natürlichem Aussehen sowie zu einem glücklichen Leben. Ich lade dich ein, dir Gedanken über deine eigene Gesundheit, Schönheit und Zukunft zu machen. Welchen Weg willst du gehen? Die Richtung deines Weges entscheidet über deinen Erfolg und deine Glückseligkeit!

Außerdem möchte ich in diesem Buch unsere innere und äußere Schönheit verbinden. Das ist tatsächlich unglaublich schwer. Einer sagt, wahre Schönheit kommt von innen und man muss sich keine Gedanken über das Äußere machen, um schön zu sein. Anderseits ist es angenehmer für unsere Augen, eine Frau zu beobachten, die gepflegt ist. Zudem fühlt man sich besser und strahlt eine andere, stärkere Energie aus, wenn man sich um sich und seinen Körper kümmert.

Deswegen möchte ich in diesem Buch eine Brücke zwischen innerer und äußerer Schönheit bauen. Einerseits sind es Temperament, Lebenslust, Leidenschaft und Mitgefühl der Frau, welche sie von innen zum Strahlen bringen. Andererseits strahlt die innere Schönheit mit Hilfe von Kosmetik und gesundem Lifestyle nach außen hin und betont die Schönheit, welche wir schon in unserem Herzen tragen. Meiner Meinung nach sind diese beiden Aspekte für jede Frau wichtig und es ist eine Kunst, diese auch miteinander zu verbinden. So entsteht die perfekte Balance. Mit diesem Buch entscheidest du ganz allein, was du von den später erwähnten Tipps und Anregungen umsetzt. Du bewertest, welche Punkte für dich persönlich am relevantesten sind und nimmst sie für dich mit. Meine Tochter Sofia wird dich in meinem Buch auf den Fotos begleiten.

Es ist nicht wichtig, besonders viel Wissen zu sammeln. Es ist viel wichtiger, das Wissen, welches du hier bekommst, umzusetzen. Deswegen habe ich für dich zusätzlich zu diesem Buch das Arbeitsbuch „Für immer schön" geschrieben, sodass du sofort in Umsetzung kommst. Zu jedem Kapitel in diesem Buch habe ich Übungen und Checklisten erstellt, damit du sofort mit der Hautverbesserung beginnen kannst und sichtbare, nachhaltige und langfristige Ergebnisse erzielst. Dinge logisch zu verstehen bedeutet nicht, dass du sie auch verinnerlicht hast. Deine Mitarbeit ist gefordert. Deswegen ist es wichtig, dass du dieses Buch nicht nur liest, sondern mit dem Arbeitsbuch arbeitest.

Außerdem habe ich zum Buch ein E-Book und ein Hörbuch erstellt, die du auch auf meiner Webseite findest: www.buchlenaweichelt.com

Dieses Arbeitsbuch findest du unter:
www.lena-weichelt.com/arbeitsbuch

Schlüssel 1
Finde Dich selbst

Es ist Dein Geburtsrecht,
Dich schön und wertvoll zu fühlen.

1.1. Wie alles begann

Als Kind war ich genau das Gegenteil von dem, was man sich unter einem typischen Mädchen vorstellt. Als Teenager waren meine Haare stets kurz geschnitten und ich habe nicht nur wie ein Junge ausgesehen, sondern mich auch wie einer verhalten. Ich fühlte mich nicht schön und wollte keine Prinzessin sein, wie all die anderen Mädchen.

Meine beiden Eltern waren Sportlehrer in der Schule. In den 1980er Jahren haben sie sehr wenig Geld verdient. Ich bin zusammen mit drei Schwestern in der Ukraine aufgewachsen. Die beiden großen Schwestern waren zehn und sieben Jahre älter als ich. Meine kleinere Schwester und ich mussten die Kleidung von unseren älteren Schwestern tragen, da meine Mutter kein Geld hatte, uns neue Klamotten zu kaufen. Aber das wichtigste, was meine Eltern uns beigebracht haben, war, dankbar für alles zu sein, was wir hatten. Und dass die Gesundheit das Wichtigste für jeden Menschen ist. So wuchs ich gesund und zufrieden auf.

Als ich mit 12 Jahren in die Pubertät kam, spielten meine Hormone verrückt. Ich habe eine unreine Haut mit vielen unangenehmen Pickeln bekommen. Ich war unzufrieden mit meinem Aussehen und habe mich auf die Suche nach einem Rezept für schöne Haut begeben. Damals habe ich viele Zeitschriften gelesen und verschiedene Tipps über Hautpflege, Schminke, gesunde Ernährung, Stressabbau und sportliche Aktivitäten ausprobiert. Meine Haut hat sich verbessert, ich entdeckte meine natürliche Schönheit und begann, das Mädchensein zu genießen. Endlich konnte ich mich schön fühlen.

Außerdem war ich von Leichtathletik fasziniert, Sport hat mich das ganze Leben begleitet. Da ich gut in der Schule war, haben meine Eltern mir erlaubt, zur Leichtathletik zu gehen. Ich habe drei Mal in der Woche trainiert und während der Meisterschaften gute Ergebnisse erzielt. Sport machte mir Spaß und brachte Erfüllung in mein Leben. So stärkte ich von Kindheit an mein Selbstbewusstsein. In der achten

Klasse wurde ich in die Sportschule in Kiev aufgenommen, weil ich außergewöhnliche Fähigkeiten in Leichtathletik hatte. Als ich davon erfahren habe, fühlte ich mich wie der glücklichste Mensch auf der Welt.

Nach dem Schulabschluss wollte ich Sportlehrerin wie meine Eltern werden. Jedoch waren Sportlehrer nicht so hoch angesehen wie Sprach- oder Mathematiklehrer. Daher habe ich meine Meinung geändert und mich an der Universität für Sprache und Literatur beworben und wurde aufgenommen. Nach dem Abschluss habe ich einige Jahre an einem Gymnasium als Lehrerin gearbeitet, später habe ich zusätzlich noch Betriebswirtschaft studiert.

Ich habe geheiratet und zwei wunderbare Kinder, Anastasia und Sofia, bekommen. Meinen Kindern habe ich das Beste gegeben, was ich konnte. Nach einer 10-jährigen Ehe haben sich mein damaliger Mann und ich auseinandergelebt und ich traf die schwierigste Entscheidung in meinem Leben – mich scheiden zu lassen. Das hat mich sehr viel Kraft und Energie gekostet, aber ich wollte nicht mehr das Leben führen, was ich hatte. Nach der gescheiterten Ehe bin ich mit meinen zwei Kindern im Alter von 6 und 14 Jahren allein geblieben. Wir beide waren völlig erschöpft von dieser Partnerschaft und ich war froh, dass diese Ehe vorbei war, denn ich sah keine Zukunft darin. Ich habe weiterhin als Lehrerin am Gymnasium gearbeitet und wusste nicht, wie ich mein Leben weiterführen sollte.

Damals war ich 32 Jahre alt, fühlte mich aber schon sehr alt. Nach der Trennung hatte ich keine Energie mehr, fühlte mich wie ein fremder Mensch und überhaupt nicht schön. Ich fühlte mich dick, obwohl ich ziemlich schlank war. Über Selbstliebe habe ich noch nie zuvor in meinem Leben gehört und wusste nicht, dass sie existiert. Ich hasste mich und mein Aussehen, obwohl ich in Wirklichkeit noch jung und attraktiv war. Das sehe ich erst jetzt, wenn ich mir meine Fotos von damals anschaue.

Das Einzige, was noch blieb, war etwas Selbstbewusstsein, welches mich durch die Erfolge in jungen Jahren stark geprägt hatte. Ich wusste nur, dass ich nicht mehr so leben wollte, wie bisher. Ich begann, nach Wegen zu suchen, wie ich für mich und meine Kinder ein besseres Leben und eine bessere Zukunft gestalten konnte. In mir hat sich der Wunsch entwickelt, nach Deutschland auszuwandern und ich habe diese Entscheidung letzten Endes getroffen. Es fiel mir nicht leicht, doch es hat sich richtig angefühlt. Alles, was ich letztendlich mitgenommen habe, war ein Koffer und eine meiner Töchter. Die andere ist später nachgekommen.

Da meine drei Schwestern schon in den 1990er Jahren geheiratet und mit ihren Kindern nach Deutschland ausgewandert sind, schien der Versuch nicht komplett hoffnungslos zu sein. Und obwohl ich nicht wusste, ob es klappt, habe ich den Schritt gewagt. In Deutschland habe ich dann meinen späteren Mann kennengelernt. Natürlich ist das alles nicht ohne Probleme verlaufen, doch habe ich meine Hürden überwunden. Na klar, sonst würde ich dieses Buch hier jetzt nicht schreiben! Genau das ist das, was du für deine Transformation benötigst: einen Funken Hoffnung. Wenn du auf dem Boden liegst, ist deine einzige Option aufzustehen. Die Wahl zu treffen, wieder aufzustehen, war für mich keineswegs einfach.

Ich möchte dich mit meiner Geschichte motivieren, wieder aufzustehen und in die Zukunft zu blicken. Egal, wie deine Gegenwart ist: Die Zukunft kann besser sein! Dafür musst du jedoch die Entscheidung treffen, wieder aufzustehen. Du bist es dir wert, schön zu sein und dein bestes Leben zu leben.

All diese Erfahrungen haben mich zu dem Menschen erschaffen, der ich jetzt bin. Ich habe für mich realisiert, ein konkretes, gesetztes Ziel immer vor Augen zu halten und alles dafür zu tun, dieses früher oder später zu erreichen. Da ich angefangen habe, Selbstliebe zu mir zu entwickeln und mich selbst zu schätzen, konnte ich mein Selbstwertgefühl und Selbstbewusstsein stärken. Ich habe meine innere und äußere Schönheit entdeckt und kann diese nun in vollen Zügen genießen. Außerdem waren diese Erfahrungen sehr wichtig, denn sie haben mich zu der Wahl meines Berufes als Kosmetikerin geführt. Es macht mir Freude, anderen Frauen zu helfen, ihre eigene natürliche Schönheit zu entdecken.

Während meiner Ausbildung zur Kosmetikerin, Ästhetik-Therapeutin und später auch zur onkologischen Kosmetikerin, konnte ich meine Kenntnisse über die Haut, die Ursachen von unreiner Haut und deren Beseitigung erweitern und vertiefen. In der Ausbildung hat mich die folgende Frage besonders beschäftigt: Wie pflege ich meine Haut, dass sie strahlend und gesund aussieht? Ich wollte wissen, wie ich mich schminken kann und welche Geheimnisse attraktive Frauen haben. Und da ich nun die Antwort kenne, bin ich sehr glücklich darüber, zuerst eins und danach das zweite Kosmetikstudio eröffnet zu haben. So konnte ich vielen Frauen helfen, ihre natürliche Schönheit zu entdecken und ihr Selbstbewusstsein zu stärken.

Vor ein paar Jahren habe ich zudem eine Kosmetik-Akademie eröffnet, in welchem mein Team und ich Online-Kurse, Seminare und Webinare für Frauen anbieten. Wir möchten so viele Frauen wie möglich erreichen, ihnen helfen und sie unterstützen.

1.2. Wer bist du eigentlich?

Warum wird uns Frauen von den Medien noch immer vorgemacht, wie wir am besten auszusehen haben? Die Vorstellung, dass alle Menschen gleich sind oder sein sollten, ist nicht nachvollziehbar. Wie unendlich langweilig wäre unsere Welt, wenn das so wäre!

Bestimmt kennst du dieses Szenario schon: Du sitzt auf dem Sofa und scrollst wieder einmal durch dein Instagram-Feed. Darin siehst du lauter perfekte Menschen mit perfekten Körpern, perfekten Kindern und perfekten Leben. Perfekte Menschen, welche kaum noch zu Hause, dafür dauerhaft im Urlaub sind.

Eine Kosmetikmarke hat einmal eine Umfrage für eine Studie durchgeführt zum Thema Schönheit und Selbstbewusstsein. Es wurden 6400 Frauen im Alter von 18 bis 64 Jahren in 20 Ländern befragt. Es wurde festgestellt, dass sich nur 4 von 100 Frauen weltweit selbst als schön bezeichnen würden. 66 von 100 Frauen empfinden Schönheitsdruck durch die Medien. Jede Frau und übrigens auch jeder Mann sieht durchschnittlich zwölfmal am Tag das Bild eines Models! Im Fernsehen und in Magazinen siehst du perfekte Menschen, deren Leben so viel schöner zu sein scheint als deins. Unbewusst fängst du an, dich mit ihnen zu vergleichen. Deine Beine sind nicht so lang, deine Haut ist nicht so rein. Dein Mann ist nicht so durchtrainiert und deine Wohnung nicht so groß und hell. Und doch bist du vollkommen, so wie du bist. Denn es gibt immer jemanden, der besser, erfolgreicher und schöner ist als du. Der Vergleich ist das Ende vom Glück und der Beginn vom Unglück. Setze dir deine eigenen Maßstäbe und gehe deinen eigenen Weg. Sage zu dir: „Ich selbst bin mein Maßstab und ich möchte mein bestes Ich sein". Mit dieser Einstellung schützt du dich vor dem Vergleich mit anderen. Richte dein Leben nach deinen Fähigkeiten, Zielen und Wünschen – und nicht nach denen der anderen. Konzentriere dich auf dich selbst! Wir kaufen uns häufig Dinge, die wir nicht brauchen, nur um Menschen zu beeindrucken, die wir nicht mögen.

Und weißt du, warum du wundervoll bist, auch wenn du nicht die großartigen und teuren Dinge hast? Weil du DU bist. Hör auf, dich ständig mit anderen zu vergleichen. Sei doch einmal ehrlich: was bringt dir das? Danach fühlst du dich nur noch schlechter. Versuche nicht, jemand anderes zu sein. Versuche stattdessen, dein Bestes zu sein. Und was ist das Besondere daran? Wenn du DU bist, bist du ein Original, ein Unikat. Wir sind schon von Geburt an einzigartig. Es gibt keinen anderen Menschen auf diesem Planeten, der genauso ist, wie du. Genau das macht dich so unglaublich wertvoll. Sei stolz auf dich, deinen Körper und auch auf deine Makel. Denn durch sie bist du einzigartig und diese Einzigartigkeit sollte jeder von uns erkennen und kennenlernen. Ständig haben wir immer neue Erkenntnisse über uns selbst. Dieser Kennenlernprozess und Weg zu dir selbst dauert ein ganzes Leben. Es ist so vieles in uns verborgen und muss an die Oberfläche, damit wir unser volles Potenzial erreichen. Denn jede Frau hat ihre eigene Schönheit und ihren eigenen Charme. Leider lenken uns die sozialen Medien davon ab, dies zu erkennen. Deshalb ist mein Tipp für alle Frauen, die noch immer mit sich und ihrem Körper hadern: Hinterfrage einmal das eigene Social Media Verhalten und entfolge die Menschen, welche dir ein ungutes Gefühl vermitteln. So fühlt man sich wohler und hört auf, sich mit unrealistischen Schönheitsstandards zu vergleichen. Außerdem gilt das auch für den offline-Freundeskreis. Wenn du dich ständig mit Personen umgibst, welche dich kritisieren und deren Lieblingsthema das Lästern über andere Menschen ist – halte bitte einmal inne und frage dich, ob dir diese Menschen guttun oder dich nicht doch eher herunterziehen!

1.3. „Du bist schön, genauso wie du bist" – was dieser Ausdruck für mich bedeutet

Für mich bedeutet der Satz, dass ich von Geburt an schön und einzigartig bin. Diese Schönheit wird nicht durch gesellschaftliche Normen, sondern durch mein Sein bestimmt. Es ist mein Geburtsrecht, mich schön und wertvoll zu fühlen.

Als kleines Kind nimmst du deine Schönheit nicht wirklich wahr, weil es niemanden gekümmert hat. Du wurdest als schön angesehen, weil du ein Mensch bist. Erst als wir im Erwachsenenalter angefangen haben, uns zu verstellen, um unser Aussehen an die gesellschaftlichen Standards anzupassen, haben wir etwas ganz Wichtiges vergessen. Wir haben vergessen, dass unsere Geburt der Anfang unserer Schönheit war. Diese Schönheit wird an nichts anderem gemessen.

Wenn ein junges Mädchen in die Pubertät kommt, stellt sie sich viele Fragen über ihre eigene Schönheit. Sie beobachtet die anderen Mädchen, vergleicht sich mit ihnen und langsam kommen Selbstzweifel und Unzufriedenheit mit sich selbst. Außerdem sieht sie die anderen populären Mädchen und beginnt, ihr Aussehen anzustreben. Sie möchte so sein, wie sie. Jedoch vergisst sie dabei, dass sie einzigartig ist. Sie kann nicht genauso aussehen, wie die anderen – und das ist gut so. Denn jeder ist ein Unikat. Jeder sollte seine eigene Schönheit ans Licht bringen und lernen, sie zu unterstreichen. Denn, wenn du herausfindest, was dich schön und glücklich macht, wie du dich pflegen solltest, um deine natürliche, geborene Schönheit viele Jahre zu erhalten, gehst du zufrieden durch das Leben und bist das Beste, was du sein kannst: du selbst.

Genauso zu sein, wie ich bin, bedeutet für mich nicht, mich nicht zu pflegen oder mich nicht um mich zu kümmern. Tägliche Pflegeroutinen und Schminktipps sind eine zusätzliche Hilfe, um die eigene Schönheit zu betonen. Hautpflege ist wichtig, um die Schönheit viele Jahre strahlend zu erhalten und Make-up ist dazu gedacht, die schönsten Eigenschaften zu betonen und dir mehr Selbstbewusstsein zu verschaffen. Du fühlst dich am besten, wenn du am besten aussiehst.

Bei der Aussage: „Du bist schön, genauso wie du bist", glauben manche Frauen, dass man sich nicht pflegen muss. Sie denken: „Wofür soll ich mir noch Mühe geben, mich täglich zu pflegen, mich zu schminken, mich als Persönlichkeit zu entwickeln und mein Aussehen zu verbessern? Ich brauche mich nicht zu pflegen, schön anzuziehen und mich auch nicht zu schminken. Ich bin schon ein Unikat. Und alle sollten mich bewundern, genauso wie ich bin." Ja, liebe Frau, du bist ein Unikat, kein Zweifel. Aber genau das ist der Grund, dich zu pflegen. Du solltest deinen Körper mit Liebe und Fürsorge nähren, weil er das Einzige ist, was du hast. Wenn du dich nicht pflegst und dich nicht um dich kümmerst, kannst du dich und dein Leben nicht genießen. Mangelnde Selbstfürsorge führt zu Unzufriedenheit, Grübeln und faule, graue, faltige Haut. Du verlierst deine Attraktivität und deine Ausstrahlung wird blass. Stelle dir vor, wie befreiend es sich anfühlen muss, in den Spiegel zu schauen, sich nicht mehr zu kritisieren und zu sagen: „Mir gefällt es, wie ich aussehe. Ich sehe gut aus!" Und das, weil du dich um dich gesorgt hast.

Ich möchte dir dies anhand eines Beispiels verdeutlichen: Stell dir vor, dein Körper und Selbstwert ist wie dein Auto. Dieses Auto wurde nur ein einziges Mal gebaut. Niemand anders hat das gleiche Modell. Wie wertvoll muss das Auto sein? Sehr wertvoll! Also, wie geht man mit einem sehr wertvollen Auto um? Man pflegt es, damit es immer glänzt und nicht einstaubt. Man tankt es nur mit dem besten Benzin und fährt damit sehr vorsichtig. Man isst nicht in dem Auto und betritt es auch nicht mit schmutzigen Schuhen. Sobald man aufhört, das Auto zu pflegen, verliert es seinen Wert und seine Besonderheit. Und was machen die Menschen, die in dieses Auto steigen? Sie sind sehr vorsichtig. Sie essen nicht im Auto, sie setzten sich nicht mit ihrer schmutzigen Kleidung hinein und sie machen nichts kaputt. Die Menschen sehen, wie sehr du dieses Auto pflegst und behandeln das Fahrzeug nur so, wie du es zulässt. Du selbst kennst den Wert dieses Autos und lässt niemals zu, ihn abzuwerten.

Sagen wir einmal, es wäre dir egal, wie das Auto aussieht und du hättest keine Regeln, wie dieses Auto behandelt wird. Überall liegen Müll und alte Fastfood-Tüten herum, das Auto hat Dellen von Autounfällen und Schmutz, weil du nie mit ihm durch die Waschanlage fährst. Wie gehen nun die Menschen mit deinem Auto um, wenn sie einsteigen? Sie sehen, dass das Auto schmutzig ist, überall Müll herumliegt und es dir egal ist, wie es aussieht. Automatisch denken sie, dass es völlig okay ist, im Auto zu essen, ihren Dreck herumliegen zu lassen und das Auto zu verschmutzen. Sie sehen, dass du keine Standards hast und man das Auto so behandeln kann, wie man will.

Gibst du deinem Körper nicht die Fürsorge, die er braucht und lässt dich gehen, werden die Mitmenschen dich nie so behandeln, wie du es verdienst. Sie werden dich nicht wertschätzen, auf dir herumtrampeln und deine Schönheit nicht erkennen. Wenn du deinen inneren Frieden und deinen Selbstwert nicht beschützt, wird es auch keine andere Person machen.

Ich habe ein weiteres Beispiel für dich. Stelle dir vor, du hättest einen Pokal gewonnen. Du kommst nach Hause, bist stolz auf dich selbst und freust dich riesig über diese Auszeichnung. Du stellst ihn auf den besten Platz, sodass jeder ihn sofort sieht, wenn er ins Zimmer kommt. Alle, die zu Besuch kommen, loben dich und sprechen darüber. Aber mit der Zeit kennen alle Bekannten und Verwandte deinen Pokal und es fängt langsam an, Staub zu fangen. Er zieht immer weniger Aufmerksamkeit auf sich und steht die ganze Zeit im Regal, ohne deine Beachtung. Am Ende verlierst du das Interesse an ihm und nach ein paar Jahren verstaust du ihn im Keller.

Man kann diesen Pokal mit der eigenen Schönheit vergleichen, denn genauso gehen wir mit ihr um. In jungen Jahren siehst du schön, frisch und attraktiv aus. Deine Haut strahlt, du fühlst dich gut und ziehst die Blicke anderer Menschen an. Im Laufe des Lebens kommen viele Sorgen, Tiefen und Höhen auf dich zu. Du vergisst dich selbst, deinen Körper und wer du eigentlich bist. Du vergisst deine Wünsche, Bedürfnisse, Ziele und Träume. Du hältst sie für unwichtig und hast nur noch Zeit für deine Mitmenschen. Du verstaubst und vergisst dich selbst. Denn es ist dir nun viel wichtiger, anderen Menschen zu helfen und vergeblich erwartest du als Belohnung ihre Dankbarkeit. Du wartest dein Leben lang auf etwas, was sie dir nicht geben können: Selbstliebe und Selbstakzeptanz. Oft glauben wir, dass wir nur dann es wert sind, uns selbst zu lieben, wenn wir etwas erreicht haben. Das resultiert daraus, weil Selbstliebe und Selbstbewusstsein viel zu oft mit Arroganz verbunden werden. Jedoch sind sie die Basis von einem glücklichen Leben.

Das große Geheimnis eines glücklichen Lebens ist, dass du alles, was du dir im Leben wünschst, dir selbst geben kannst! Du kannst dich um dich sorgen und es dir gut gehen lassen, um danach mit derselben Liebe und Fürsorge deinen Mitmenschen zu helfen.

1.4. Das Leben verändern mit der Kraft der Gedanken

Wir begeben uns auf die Suche nach einem Problem, welches du in deinem Leben hast, um die Antwort auf die Fragen zu finden: Warum sieht deine Haut so aus, wie sie gerade ist? Warum ist sie voller Unreinheiten, Rötungen und Irritationen? Warum ist sie trocken und spannt sich? Hast du viel Stress oder einen Schlafmangel? Bist du unglücklich? Lass uns ganz tief in dein Inneres gehen, um dort die Antwort zu finden. Dein Leben ist viel zu kurz, um dich selbst zu betrügen und das ganze Leben lang eine Lüge zu leben.

Du solltest eine Bestandsaufnahme deiner jetzigen Situation machen. Dabei schaust du, wo du gerade stehst, was deine Probleme sind und was du verbessern möchtest. Solche Bestandaufnahmen solltest du immer wieder machen, weil wir viel zu oft vom Kurs abkommen. So kannst du deinen Lebenskurs korrigieren. Vor allem, wenn du spürst, dass etwas in deinem Leben nicht so läuft, wie du es dir wünschst.

Jetzt möchte ich, dass du deine persönliche Bestandsanalyse machst und darüber nachdenkst, was dich daran hindert, so auszusehen, wie du es gerne hättest. Stelle dir selbst dafür diese Fragen: Welche Geschichten erzählst du dir täglich? Warum fühlst du dich nicht schön? Was hält dich zurück, glücklich und zufrieden zu sein? Es ist wichtig, möglichst viel über dich selbst zu erforschen und erfahren. Es geht darum, dir selber ganz klar in die Augen schauen zu können und ganz ehrlich mit dir selbst zu sein. Versuche, dich selbst nicht zu belügen. Es ist ganz wichtig, dass du deine Realität ganz nüchtern anschaust und den Mut hast, ehrlich zu dir selbst zu sein. Egal, wie schwer das für dich ist.

Glaubenssätze, auch Überzeugungen, Einstellungen oder Meinungen genannt, sind unterbewusste Lebensregeln. Sie entstehen aus der Verarbeitung und Bewertung früherer Erlebnisse und bestimmen dein alltägliches Verhalten. Oft sind es Überzeugungen, welche du von anderen Menschen übernommen hast. Außerdem sind Glaubenssätze Gedanken, welche tief in deinem Geist verankert sind und deine Realität erschaffen. Sie sind wie Brillen, die wir uns aufsetzen, um durch das Leben zu gehen. Oftmals sind dir deine Glaubenssätze gar nicht bewusst, da sie dir ganz früh durch Erziehung und Erfahrungen eingeprägt wurden. Tatsache ist aber, dass es nur Brillen sind. Nur, weil du an etwas glaubst, muss es nicht wahr sein! Es ist der Ausdruck dessen, was wir über uns, die Realität und die Welt denken. Denn Glaubenssätze und Überzeugungen geben uns Halt und ein Gefühl von Sicherheit. Sie sind für viele Menschen wie ein Geländer, an dem sie sich entlanghangeln und ein Schutz vor Enttäuschungen.

Als kleine Kinder stehen wir der Welt noch neutral gegenüber und empfinden alles als ein riesengroßes Wunder. Doch durch Erziehung und Sozialisierung haben wir verschiedene Glaubenssätze und bestimmte Gedankenmuster übernommen. Hauptsächlich haben wir sie von unseren Eltern, aber auch von anderen Bezugspersonen und der Gesellschaft. Alle unsere Ängste, unser Misstrauen und unsere Unsicherheit kommen aus unserer Kindheit. Wir wurden erzogen und haben nicht genug Lob von unseren Eltern bekommen. Sie haben uns unterbewusst klein gemacht und kennen Selbstliebe oft gar nicht.

Alles, was wir in unserer Kindheit lernen, unterscheidet man in zwei Richtungen: „Tu dies, tu das" und die Handbremsen: „Tu dies nicht und tu das nicht". Manche machen Angst, manche sind herausfordernd, manche kränkend und manche erst auf den zweiten Blick gefährlich.

Diese typischen Sprüche hast du bestimmt des Öfteren in deiner Kindheit gehört:

- Das tut man nicht!
- Sei vorsichtig!
- Sei bescheiden!
- Streng dich an!
- Sei still!
- Sei brav!
- Eigenlob stinkt!
- Was sollen denn die Nachbarn denken?!
- Spinn nicht so rum!
- Iss deinen Teller leer!
- Ein Mädchen kann das nicht.
- Nimm dir ein Beispiel an deiner Schwester/deinem Bruder.
- Ein Mädchen braucht das nicht.
- Du bist faul.
- Du Nichtsnutz!
- Was die anderen dürfen, spielt keine Rolle.
- Du bist zu dumm zum...
- Bist du so blöd oder tust du nur so?
- Hör auf zu heulen!

Diese Liste lässt sich beliebig verlängern. Es fällt auf, dass kleine Jungs des Öfteren Sprüche mit aktiver Stoßrichtung bekommen, welche besagen: Setz dich durch in dieser Welt. Leben ist Kampf. Unterdrücke deine Gefühle!

Welcher Spruch sitzt jetzt gerade noch in deinem Kopf, welchen du von deinen Eltern oder Verwandten aufgenommen hast? Was hält dich zurück, deine wahre Größe zu zeigen und zu leben? Diese Sprüche aus der Kinderzeit haben sich viele Jahre in uns verfestigt, sodass sie sich nicht einfach aus unserem Kopf verdrängen lassen. Ich selbst habe auch die Erfahrung gemacht, dass es oft mehrere Jahre dauert, bis wir ein neues und erwachsenes Selbstverständnis verinnerlicht haben.

Du bist erwachsen genug, um in jedem Alter dein Lebensglück selbst in die Hand zu nehmen und dies nicht von anderen abhängig zu machen. Das bedeutet nicht, dass wir uns von unseren Eltern trennen, uns mit ihnen streiten oder ihnen diese Sprüche übelnehmen. Unsere

Eltern selbst haben häufig auch ein niedriges Selbstwertgefühl, welches sie von ihren Eltern übernommen haben. Deshalb wussten sie es in deiner Kindheit nicht besser. Sie haben immer nur das getan, was sie für richtig gehalten haben. Es ist nun unsere Verantwortung, alles, was unsere Eltern nicht geschafft haben, aufzuholen und uns die Liebe zu schenken, welche wir nicht bekommen haben.

Unsere festsitzenden Glaubenssätze

Egal was du über dich selbst denkst, hast du Recht. Denn das, was du glaubst, fütterst du Tag für Tag. Du machst deine Gedanken stärker und mächtiger.

Kennst du die Geschichte über zwei Wölfe? Ein alter Cherokee-Indianer sitzt mit seiner kleinen Enkelin am Lagerfeuer. Er möchte ihr etwas über das Leben erzählen. Er sagt: „Im Leben gibt es zwei Wölfe, die miteinander kämpfen. Der Erste ist Hass, Misstrauen, Feindschaft, Angst und Kampf. Der Zweite ist Liebe, Vertrauen, Freundschaft, Hoffnung und Freude." Das kleine Mädchen schaut eine Zeitlang ins Feuer und fragt: „Und welche Wolf gewinnt?" Der alte Indianer schweigt. Nach eine ganze Weile sagt er: „Der, den du fütterst."

Du kannst heute entscheiden, welchen Wolf du stärken möchtest. Du kannst bewusst entscheiden, das Glück, die Freude, die Lebendigkeit und den Genuss in dein Leben zu ziehen oder dich in Hass, Angst und Feindschaft zu quälen. In welcher Familie, Gesellschaft und welchen Umständen wir hineingeboren werden, bestimmt zu einem großen Teil, wie wir die Welt sehen. Bewusst und unterbewusst. Tatsächlich aber können genau diese Überzeugungen einen großen Teil dazu beitragen, dass wir immer wieder Schmerz und Enttäuschungen erleben. Durch unsere Erwartungshaltung ziehen wir häufig solche Situationen an, mit denen wir uns in unserem Glaubenssatz immer wieder bestätigt sehen. Oft ziehen wir genau das an, von dem wir überzeugt sind. Nehmen wir ein Beispiel: Eine Frau ist davon überzeugt, dass kein Mann es je mit ihr ernst meint. Deshalb ist auch bei einer neuen Bekanntschaft die Erwartung da, dass der Mann sie enttäuschen wird. So fängt sie an, auch nur die Männer kennenzulernen, welche sie schlecht behandeln. Sie kennt es ja nicht anders. Anstatt ihre Herangehensweise an Männer zu überdenken, glaubt sie, dass sie nichts dafürkann und alle Männer „Schweine" sind. So bestätigen sich ihre Glaubenssätze immer wieder. Doch es steckt bereits im Wort: Es heißt schließlich Glaubenssätze – und nicht Wahrheitssätze. Dennoch stellen Glaubenssätze für die meisten von uns eine feste Tatsache dar, mit welcher wir unser Leben oft viel schwerer als nötig machen. Es sind genau die Glaubenssätze, die uns davon abhalten, sich schön zu fühlen. Sie schränken unser Potenzial ein und geben uns nicht den Freiraum, die Frau zu sein, welche wir sein möchten.

Sieben Glaubenssätze für dich

Ich möchte dir 7 Glaubenssätze vorstellen, welche deine innere und äußere Schönheit enorm beeinflussen. Bestimmt kennst du schon einige davon, obwohl es dir nie wirklich bewusst war. Bewusst oder unbewusst sind sie auch zu deinen festen Glaubenssätzen geworden.

1. „Wer schön sein will, muss leiden."

Wirklich?! Bedeutet es, dass wir entweder hässlich sind und es uns geht gut oder wir schön sind, dafür aber leiden müssen? Findest du nicht, dass uns dieser Glaubenssatz in unserem Leben stark einschränkt? Er gibt uns nur einen Weg und keine Alternativen! Viele Menschen haben sich diesen Glaubenssatz schon längst eingeprägt. Sie glauben, dass Schönheit Schmerz bedeutet. Ich empfinde es als eine totale Unverschämtheit, dass die Gesellschaft uns dies vorgaukelt!

Wie wäre es stattdessen mit: „**Wer schön sein will, muss lachen**"? Wie viel besser klingt das? Warum können wir nicht einfach lachen, um schön zu sein, anstatt zu leiden? Du kannst glücklich und gleichzeitig schön sein. Lasse dir von keinem sagen, dass es nicht stimmt!

2. „Wenn man etwas Gutes haben will, muss man einen Preis bezahlen, der wehtut."

Entweder haben wir etwas Schlechtes oder wir müssen einen hohen Preis bezahlen, um etwas Gutes zu bekommen. Findest du diesen Glaubenssatz nicht zu harsch? Wenn ich so etwas höre, vergeht mir doch die Lust, überhaupt noch an etwas Schönes zu glauben! Man muss doch nicht alles im Leben aufgeben oder etwas bezahlen, bevor man glücklich sein darf! Was für ein Unsinn. Das gleiche gilt für deine Schönheit – die äußere sowie die innere. Man muss nicht teuer bezahlen, um sich schön zu fühlen.

Wie wäre es mit: „Wenn man etwas Gutes haben will, muss man etwas investieren"? Um etwas Gutes zu bekommen, muss man etwas dafür tun. Man kann keine Resultate erzielen, wenn man nichts dafür investiert. Treibt man beispielsweise Sport und verspürt danach Muskelkater, ist es etwas Positives, weil wir wissen, dass sich unser Körper entwickelt und die Muskeln dadurch wachsen.

3. „Ich bin nicht schön."

In der heutigen Welt leiden extrem viele Menschen an Minderwertigkeitskomplexen und fühlen sich einfach nicht schön. Diese Menschen haben meist ein gewisses Idealbild vor Augen. Dieses Idealbild wurde von der Gesellschaft und großen Kosmetikkonzernen erstellt, damit man glaubt, man müsste etwas an sich verändern, um schön auszusehen. Natürlichkeit war niemals ein Schönheitsstandard, denn dann hätten sie keine unzufriedenen Kunden, welche sich etwas in ihr Gesicht injizieren wollen. Aber die Wahrheit ist, dass die Schönheit eines Menschen im Inneren entsteht und sich in der äußeren, physischen Erscheinung manifestiert. Deine Überzeugung ist dabei maßgeblich für deine eigene Ausstrahlung. Wenn du zum Beispiel davon überzeugt bist, nicht schön zu sein, strahlst du diese Unsicherheit über dein Äußeres aus. Du denkst automatisch, dass es nicht lohnenswert ist, sich selbst zu pflegen und an sich zu arbeiten. Andere Menschen spüren diese Unsicherheit. Sie erkennen deine Schönheit nicht oder reden sie schlecht und senken deinen Wert, weil du selbst nicht daran glaubst, gut genug zu sein.

Was sagst du zu: „**Ich bin schön, weil ich ICH bin**"? Im Grunde genommen ist jeder Mensch schön und kann seine innere Schönheit in der physischen Welt entfalten. Diesbezüglich ist es wichtig, dass wir lernen, uns selbst zu akzeptieren, zu lieben und zu wachsen. Stört uns etwas an uns, haben wir die Möglichkeit, uns zu verbessern. Somit fühlen wir uns automatisch wohler. Jemand, der sich selbst liebt und vollkommen mit sich zufrieden ist, besitzt eine faszinierende Ausstrahlung.

4. „Ich bin zu alt dafür" oder „Ich bin zu alt, um schön zu sein."

Solche und ähnliche Sätze werden uns von Kindesbeinen an gepredigt, damit wir sie bis zum Erwachsenenalter bloß nicht wieder vergessen. Was für uns „zu alt" bedeutet, müssen wir irgendwann für uns selbst entscheiden. Dieser Zeitpunkt kommt auf jeden Fall. Ob man nun wirklich zu alt ist, ist eine subjektive Entscheidung. Jeder hat eine andere Vorstellung vom Altsein und oft ist das einfach eine bequeme Ausrede, um sich nicht anzustrengen und sich nicht verändern zu müssen. Meine Sicht zu diesem Thema ist ganz einfach: So lange du am Leben bist, bist du für nichts zu alt, was du dir aus tiefstem Herzen wünschst. Während du hier bist, hast du eine Lebenskraft und mit dieser bist du für nichts zu alt.

Wie wäre es mit: „**Ich bin jung genug für alles, was ich noch erleben möchte**"? Du hättest gern eine Veränderung, was deine innere und äußere Schönheit angeht. Und das ist auch gut so! Wann du beginnst, ist egal. Hauptsache, du beginnst, die Zeit für dich zu investieren und dich mit dir selbst zu beschäftigen.

5. „Ich habe keine Zeit."

Dazu habe ich eine Geschichte. Stelle dir vor, du hast bei einem Wettbewerb folgenden Preis gewonnen: Jeden Morgen stellt dir die Bank 86.400 Euro auf deinem Bankkonto zur Verfügung – unter bestimmten Regeln. Die erste Regel lautet: Alles, was du im Laufe des Tages nicht ausgegeben hast, wird dir wieder weggenommen. Du kannst das Geld nicht einfach auf ein anderes Konto überweisen. Du kannst es nur ausgeben. Aber jeden Morgen, wenn du erwachst, eröffnet dir die Bank ein neues Konto mit neuen 86.400 Euro für den kommenden Tag. Zweite Regel: Die Bank kann das Spiel ohne Vorwarnung beenden, zu jeder Zeit kann sie sagen: Es ist vorbei! Das Spiel ist aus. Sie kann das Konto schließen und du bekommst kein Neues mehr.

Was würdest du tun? Du würdest dir alles kaufen, was du möchtest! Nicht nur für dich selbst, sondern auch für alle Menschen, die du liebst. Vielleicht sogar für Menschen, die du nicht kennst, da du das ganze Geld niemals nur für dich allein ausgeben könntest. Du würdest versuchen, jeden Cent auszugeben und ihn zu nutzen, oder? Doch dieses Spiel ist die Realität! Jeder von uns hat solch eine „magische Bank". Wir sehen diese nur nicht – es ist die Zeit. Jeden Morgen, wenn wir aufwachen, bekommen wir 86.400 Sekunden Leben für den Tag geschenkt und wenn wir am Abend einschlafen, wird uns die übrige Zeit nicht gutgeschrieben. Was wir an diesem Tag nicht gelebt haben, ist verloren – für immer verloren! Gestern ist vergangen. Jeden Morgen beginnt sich das Konto neu zu füllen, aber die Bank kann das Konto jederzeit auflösen, ohne Vorwarnung. Was machst du mit deinen täglichen 86.400 Sekunden? Sind diese nicht viel mehr wert als die gleiche Menge an Euro? Also fang an, dein Leben jetzt zu leben!

Wie oft glauben wir, dass wir keine Zeit für uns selbst haben? Wir sind doch felsenfest davon überzeugt, dass wir für jeden und alles Zeit haben, außer für uns selbst! Wir vergessen, dass jedem von uns 86.400 Sekunden am Tag gegeben wurden. Keine Sekunde mehr und keine weniger. Ich glaube nur, dass diejenigen, die doch irgendwie alles unter einen Hut kriegen, etwas anders machen als du. Wie wäre es mit dem Glaubenssatz: „**Ich nehme mir Zeit**"?

Ich werde dir im Verlauf des Buches erzählen, wie du dir am besten diese Zeit nimmst. Dabei möchte ich allerdings nicht, dass du dich einschränkst. Befreie dich von den negativen Gedanken, welche dich daran hindern, dich selbst und deine Schönheit zu entfalten!

6. „Ich bin nicht gut genug."

Insgeheim denken das extrem viele Menschen von sich, auch wenn es viele nicht zugeben. Es ist eines der am tiefsten sitzenden Glaubensmuster, welches viel Kraft benötigt, um wieder aufgelöst zu werden. Bei manchen Menschen kann es ein ganzes Leben dauern. Wir lernen diesen Glaubenssatz in unserer frühesten Kindheit kennen, weil wir von Eltern großgezogen werden, welche sich selbst für nicht genug halten. Wir sind nur gut genug, wenn wir unseren Teller aufessen. Wir sind nur genug, wenn wir uns ordentlich verhalten und keine Wut, Trauer oder Ärger zeigen. Wie müssen immer schön lächeln, brav und artig sein – dann sind wir gut genug. Dabei wissen wir aber, dass wir nicht immer perfekt sind und lernen früh, uns zu verstellen und negative Gefühle zu unterdrücken. Wir glauben, dass wir nur Liebe erhalten können, wenn wir perfekt sind.

Die Nachricht, die wir uns selbst übermitteln ist: „Ich bin nicht gut genug und liebenswert so wie ich bin. Ich bin falsch, irgendetwas stimmt nicht mit mir und das muss ich möglichst schnell verstecken." Dieser typische und weit verbreitete Glaubenssatz macht ein zufriedenes, erfülltes und glückliches Leben unmöglich. Was wäre, wenn wir doch gut genug sind – und zwar genau so, wie wir jetzt sind? Was wäre, wenn wir nichts beweisen und nichts erreichen müssen und keine Anerkennung von anderen bräuchten, um uns selbst für gut genug zu halten? Ich glaube, unsere Welt wäre viel friedlicher und glücklicher, wenn wir uns selbst als Persönlichkeit für gut genug betrachten würden.

Wie wäre es mit dem Glaubenssatz: **„Ich bin für alles gut genug"**? Ich habe jedes Recht darauf, hier zu sein und ich habe es verdient, gut zu sein! Wenn wir diesen veränderten Glaubenssatz in unserem Kopf verankern, werden wir ein befreites und vollkommenes Leben führen.

7. „Schön sind nur die Dinge, die uns nichts angehen."

Dieser Glaubenssatz lässt uns glauben, dass wir nichts mit Schönheit zu tun haben und nicht dazugehören. Obwohl es nur Sprüche sind, die man unbewusst „einfach mal sagt", setzen sie sich in unserem Kopf fest und werden zu unserer Realität. Warum sagen wir nicht stattdessen: „**Schönheit umgibt mich und ich bin ein Teil davon**"? Unser Bewusstsein besteht aus Energie, welche wiederum auf einer gewissen Frequenz schwingt. Jeder von uns hat eine völlig individuelle Schwingungsfrequenz. Somit kann unser Zustand die Frequenz wechseln und sich unsere Glückseligkeit enorm steigern. Es ist wissenschaftlich bewiesen, dass ein Mensch, welcher glücklich, dankbar und voller Liebe ist, auf einer höheren Frequenz schwingt. Mit dieser Frequenz ziehen wir Dinge an, welche auf derselben Schwingung sind. Wir sind somit offen dafür, Menschen und Situationen anzuziehen, welche uns noch mehr Freude bereiten.

Experimentiere diesen Prozess einmal an dir selbst: Denke über Dinge nach, die dich zum Lachen gebracht, dich glücklich gemacht haben oder Menschen, die du liebst. Mache das ein paar Minuten lang und achte darauf, wie sich dein Gemütszustand verbessert. Wenn du für dich klarmachst, welche Glaubenssätze dich behindern, dich lähmen und dich zurückhalten, dann suche dir einen Beweis dafür, dass diese Glaubenssätze ihre Gültigkeit verloren haben! Du beweist es dir selbst und nicht mir oder andere Leute, dass es viel Tolles in dir steckt. Egal, was du glaubst, du wirst Recht behalten. Denn das, was du glaubst, fütterst du Tag für Tag. Du machst es stärker und mächtiger. Du kannst dich heute entscheiden, was du stärken möchtest. Und du kannst bewusst entscheiden, das Glück, die Freude, die Lebendigkeit und den Genuss in dein Leben zu ziehen. Du kannst selbst darüber entscheiden, ob du Glaubenssätze beibehalten oder loslassen willst. Das Umkehren negativer Glaubenssätze sorgt dafür, dass du in deinem Leben mehr Spaß und Freude erlebst.

1.5. Nimm das Steuer selbst in die Hand und bestimme deinen Lebensweg

Du verursachst deine Umstände immer selbst, weil es das Gesetz von Ursache und Wirkung gibt. All deine Taten haben eine Wirkung und wir haben immer einen Grund, warum wir etwas tun. Wenn wir jemanden anschreien und Wut senden, werden wir automatisch auch angeschrien und erhalten die gesendete Wut zurück. Das gilt für alles im Leben. Wenn wir Liebe und Dankbarkeit in die Welt senden, erhalten wir diese auch wieder zurück. Es ist wichtig, immer nachzudenken, was du willst und was du in die Welt sendest. Wo möchtest du in deiner Zukunft hin? Wenn du in deinem Leben unzufrieden bist, ist es jetzt an der Zeit, deine eigenen Entscheidungen zu treffen und etwas in deinem Leben zu verändern. Du allein entscheidest, in welche Richtung du läufst, weil du für dein eigenes Wohlbefinden verantwortlich bist. Niemand anders. Du bist verantwortlich für deine Schönheit, deinen Erfolg und deine Glückseligkeit – oder auch für deine Unzufriedenheit. Wer Selbstverantwortung übernimmt, ist nicht mehr Sklave des Schicksals und hat die Wahl, wie sein Leben verlaufen wird. Natürlich können wir nichts für launige Menschen oder äußere Umstände, aber wer Verantwortung übernimmt, kann darüber entscheiden, wie er auf diese Situationen reagiert und in der Folge handelt. Denn deine Entscheidungen bestimmen über die Qualität deines Lebens. Übernimmst du die Verantwortung, bist du der Schöpfer deines Glücks und der Qualität deines Lebens. Du bist nicht das Opfer deines Schicksals, das umherwandert und das Leben für „hart" erklärt. Natürlich ist das Leben hart, wenn man nicht das Ruder übernehmen und den Kurs selbst wechseln kann. Jede Veränderung in unserem Leben bringt uns Angst und Verzweiflung, weil man aus seiner Komfortzone heraustritt. Erst im Nachhinein wird uns klar, wie wichtig diese Veränderungen sind und wie viel besser man sich anschließend damit fühlt.

Was wir benötigen, sind Verbesserungen unseres Selbst, welche mit einer Veränderung einhergehen. Einerseits hast du dich an die Umstände, deine Umgebung und deine tägliche Routine gewöhnt. Du willst nichts in deinem Leben ändern, weil es so gemütlich ist. Doch verstehe, dass wir ohne den Prozess des Wachstums und der Verbesserung immer dieselben bleiben und langsam zurückschreiten. Solange wir gleichbleiben, schreitet unser Fortschritt zurück. Dies geht so lange rückwärts, bis du den Willen hast, dich zu verbessern. Also, wie fangen wir an, eine Verbesserung wirklich zu wollen? Wir benötigen Schmerzen, um uns aus unserer Komfortzone heraus zu quälen. Dabei meine ich nicht unbedingt physischen Schmerz. Wir müssen in unserer jetzigen Situation leiden, um uns ändern zu wollen.

Schließe deine Augen und stelle dir dich selbst in 10 Jahren vor. Stell dir vor, dass du immer noch an derselben Stelle stehst. Immer noch unglücklich und immer noch in derselben Situation. So viele Jahre sind vergangen und du bist immer noch dieselbe geblieben. Du siehst in deinem Leben keinen Fortschritt, ernährst dich immer noch wie früher, magst dich nicht im Spiegel anschauen und mit deinem Äußeren glücklich sein. Wie schlimm wäre es? Male es dir aus und mache es so schmerzhaft wie möglich. Immer noch dasselbe Gewicht. Immer noch derselbe, nervige Job. Immer noch dieselben Probleme. Überlege dir: „Ist das alles im Leben, was ich will? Soll ich mein Leben lang mit diesen Umständen zufrieden sein? Ist das alles, was ich erreichen wollte? Habe ich nicht etwas Besseres verdient?" Ich glaube, niemand kann so ein Leben als glücklich bezeichnen. Wir müssen den Drang haben, uns verändern zu wollen. Nur dann fängt die richtige und langanhaltende Veränderung in unserem Leben an.

Als ich noch jung war und in der Ukraine lebte, haben mir meine Eltern immer gesagt: „Du bist gesund, du hast etwas zum Essen, dir geht es gut. Was willst du mehr? Du musst mit dem zufrieden sein, was du hast und einfach schauen, dass es dir nicht schlechter geht. Denn so vielen Menschen geht es viel schlechter als dir." Dieser Gedanke war von Kindheit an fest in mir verankert. Ich war immer zufrieden mit dem, was ich hatte und habe es als etwas Schlechtes und Arrogantes angesehen, besser leben zu wollen als zuvor. So lebte ich einfach, wie alle anderen, ohne nach mehr zu streben und große Ziele zu erreichen, weil ich sonst undankbar und arrogant gewesen wäre. Aber in meinem Inneren habe ich mir immer die Frage gestellt: „Ist das eigentlich alles im Leben? Für wen sind dann die schicken Autos, großen Villen und teuren Uhren gedacht?" Als ich nach Deutschland kam, habe ich vieles gelernt, was ich früher nicht wusste. Ich habe erfahren, dass es eine Komfortzone gibt, in der ich mich wohl und geborgen fühle. Aber es gibt auch das Leben außerhalb der Komfortzone. In dieser Zone sind meine Wünsche und Träume, die ich schon immer geträumt und nie verwirklicht habe. Ich habe erfahren, dass es für mich viel mehr im Leben gibt, als ich dachte.

Denke immer daran: **„Dein persönliches Wachstum, deine Freiheit liegt außerhalb deiner Komfortzone."** Das bedeutet, dass du nicht wachsen kannst, solange du immer wieder dasselbe machst wie die vergangenen Jahre. Es ist ungemütlich und manchmal recht schmerzhaft, um aus der Komfortzone herauszukommen. Doch, sobald der Schmerz des Gleichbleibens größer ist als der Schmerz des Wachsens, beginnt das Wachstum und die Transformation zu einem Schmetterling an. Denn das Leben ist zu kurz, um schlechtes Essen zu verspeisen, niemals die Welt zu erkunden, einen langweiligen Job zu haben, schlechte Kleidung zu tragen, in einem engen Büro zu sitzen und ein langweiliges Auto zu fahren. Du verdienst das Beste in deinem Leben und bist die einzige Person, die dir ermöglichen kann, dein Bestes zu sein und deine Wünsche zu erfüllen. Ich habe erfahren, dass ich für alles, was ich habe, dankbar sein muss, das Streben nach mehr jedoch völlig in Ordnung, und sogar wichtig ist! Das war die größte Lektion meines Lebens. Denn all diese Schritte, die ich unternommen habe, um so weit zu kommen, lagen außerhalb meiner Komfortzone. Um meine Ziele zu erreichen, musste ich tun, was ich früher nicht gemacht habe. Ich habe vieles gelernt, viele Bücher gelesen, viele Seminare besucht und bin als Persönlichkeit gewachsen. Ich habe alle meine Ziele, die ich mir selbst gesetzt habe, langsam und Schritt für Schritt erreicht. Und das Wachsen hört niemals auf! Ich muss sogar sagen, dass es mir sehr viel Spaß macht, ein neues Ziel zu erstellen und Wege zu suchen, um dieses zu erreichen. Jetzt ist es zu meiner Routine geworden, mir immer größere

Ziele zu setzen, weil ich weiß, dass ich mit jedem Schritt ein Stück gewachsen bin und in der Lage bin, auch Größeres zu erreichen. Mit jedem Schritt wächst mein Selbstbewusstsein und ich lerne immer wieder neue Dinge über mich kennen, die ich mir nie im Leben zuvor zugetraut hätte.

Um als Persönlichkeit zu wachsen, solltest du anfangen, dich weiterzubilden und weiterzuentwickeln. Denn wer nicht lernt, bleibt stehen. Wer nicht lernt, wird dümmer. Wer nicht lernt, wird kleiner. Wer nicht lernt, wird schwächer. Wer nicht lernt, wird mutloser. An was du heute glaubst, ist schon morgen deine Wirklichkeit. Deshalb streiche das Wort ‚Unmöglich' aus deinem Wörterbuch. Dieses Wort sollte für dich nicht mehr existieren. Denn vieles, was früher unmöglich war, ist heute normal. Lasse dir nicht einreden, dass etwas, was du tust, unmöglich wäre.

Ich habe viele Entscheidungen in meinem Leben getroffen und alle diese Entscheidungen haben mich zu der Person gemacht, die ich geworden bin. Ich bin zum Beispiel von der Ukraine nach Deutschland gereist und viele meiner Freunde dachten, dass es unmöglich sei, in ein anderes Land zu gehen und mit zwei Kindern ein neues Leben anzufangen. Aber ich habe diese Entscheidung getroffen und alles getan, um meinen Traum in Realität zu verwandeln. Mit 37 Jahren habe ich angefangen, die deutsche Sprache zu lernen und ich hätte damals niemals geglaubt, dass ich eines Tages ein deutsches Buch lesen könnte. Und natürlich wäre mir nie im Leben in den Kopf gekommen, dass ich nach 13 Jahren Aufenthalt in Deutschland mein eigenes Buch veröffentlichen werde! Doch all das kam in Erfüllung.

Viele Frauen mit Kindern trauen sich nicht, sich selbständig zu machen. Ich kann dir versichern, dass du mit einem klaren Ziel vor Augen und dem festen Glauben daran alles erreichen kannst. Eines Tages kam eine gelernte Kosmetikerin zum Bewerbungsgespräch zu mir ins Kosmetikstudio. Sie war circa 50 Jahre alt und suchte eine freie Stelle. Im Gespräch erzählte sie, dass sie seit 10 Jahren davon träumt, sich selbständig zu machen und gerne ein eigenes Kosmetikstudio hätte. Sie hatte sehr viele

Erfahrungen in den verschiedensten Kosmetikgeschäften gesammelt und war eigentlich ziemlich sicher, dass sie das schaffen könnte. Jetzt saß sie vor mir voller Enttäuschung und Reue, weil sich ihr Wunsch nicht erfüllt hatte. Ich fragte sie, was sie zurückgehalten hat. Es war der Ratschlag ihres Mannes, antwortete sie. Sie wollte seine Meinung dazu hören und er hat ihr sehr viele Zweifel eingeredet und davon abgeraten. Nach zehn Jahren macht sie immer noch denselben Job und gibt ihrem Mann die Schuld dafür, dass sie ihren Traum nicht verwirklicht hat.

Solange du die Schuld für deine Handlungen anderen überlässt, wirst du immer Opfer deines Schicksals sein. Dein Lebensweg und deine Lebensenergie sind somit an andere Menschen gebunden und dein Glück von ihnen abhängig. Somit hinderst du dich selbst daran, etwas Größeres zu erreichen und das Leben deiner Träume zu erschaffen. Wenn du etwas vorhast, kannst du die Meinung anderer hören und auf den Ratschlag der Menschen hören, welche das erreicht haben, was du auch haben möchtest. Du solltest dich aber nicht vollkommen auf die Meinung anderer verlassen und deine Träume und Wünsche infrage stellen. Du hast nur ein Leben, also lebe es!

In der Zeit meiner ersten Ehe habe ich keine Verantwortung für mein Leben getragen. Ich habe die ganze Verantwortung für mich, mein Leben und meine Familie in die Hände meines damaligen Mannes übergeben. Das habe ich unbewusst gemacht, weil ich es für völlig normal angesehen habe und mir daher keine Gedanken darüber gemacht habe. Erst jetzt, wenn ich zurückblicke, realisiere ich das. Egal in welchem Alter du bist: Ich möchte, dass du verstehst, dass das Entscheidende für dein Leben ist, die Verantwortung für sich selbst zu tragen. Also, nimm das Steuer selbst in die Hand und gestalte dein Leben selbst!

1.6. Bist du bereit, die neue Brille aufzusetzen?

Jetzt kennst du deine persönlichen Hindernisse und was dich zurückhält, um schön und glücklich zu sein. Nun stecke dir ein persönliches Ziel und überlege dir, wie du in Zukunft aussehen willst. Schönheit ist ein Akt des Tuns. Wenn du dich entscheidest, schön zu sein, beginne alle Entscheidungen, welche du im Leben triffst, anders zu sehen. Betrachte dein Leben durch eine neue Brille. Für immer schön zu sein, innerlich und äußerlich, wächst zu deiner neuen Priorität. Wenn du dieses Ziel komplett verinnerlichst und dich dafür entscheidest, für immer schön zu sein, anstatt es dir nur zu wünschen, verändere deine Denk- und Herangehensweise. Gehst du beispielsweise einkaufen, sollen auf deinem Einkaufszettel gesündere Lebensmittel stehen. Doch sind es auch die Kleinigkeiten: Nutze die Zeit für dich, gehe im Wald spazieren, statt auf dem Sofa fernzusehen.

Selbstfürsorge steigert deine Lebensqualität. Selbstfürsorge heißt, Eigenverantwortung zu übernehmen und dafür zu sorgen, dass du deinem Körper und Geist die Pflege zukommen lässt, welche sie brauchen. Je mehr du dich ganzheitlich pflegst und nachhaltig einen bewussten Lebensstil lebst, umso mehr verbesserst du deine gesunde Ausstrahlung und pflegst eine innigere Verbindung zu anderen Menschen. Außerdem habe ich dir schon gesagt, dass du dir jeden Tag Zeit für dich nehmen solltest, um dich glücklich zu fühlen. Wichtig dabei ist, dass du keinen Tag auslässt, auch wenn du nicht in passender Stimmung bist. Wie setzt du das konsequent um? Hänge einen Jahreskalender an deiner Wand auf und unabhängig davon, in welchem Monat du gerade dieses Buch liest, fange gleich morgen an, folgendes zu tun: Schreibe jeden Tag, an dem du eine Kleinigkeit für dich getan hast, ein großes, grünes Kreuz in deinen Kalender hinein. Das bedeutet nicht, dass du jeden Tag etwas Großes für dein Wohlbefinden planen musst, sondern dass du täglich und ohne Ausnahmen Kleinigkeiten für dich machst. Dein Fokus soll darauf liegen, die Kette von grünen Kreuzen in deinem Kalender nicht zu unterbrechen. Kreuze in deinen Kalender zu malen ermutigt dich, deine Wünsche und Bedürfnisse wichtig zu nehmen und täglich zu erfüllen. Du wirst merken, je länger eine ununterbrochene Reihe an Kreuzen wird, umso glücklicher wirst du. Durch diesen Kalender nimmst du dein Glück bewusst wahr und erinnerst dich immer daran, etwas Schönes für dich zu tun. Dabei überwindest du deinen inneren Schweinehund und findest keine Ausrede, warum du keine Zeit für dich hast. Jeder hat ein paar Minuten Zeit für sich. Ein weiterer Ratschlag von mir ist, immer eine Woche im Voraus zu planen und eine Liste zu erstellen. In dieser Liste trägst du Dinge ein, die dich glücklich machen oder du schon immer vorhattest. Im Anschluss planst du dir diese Kleinigkeiten ein und freust dich jeden Tag darauf, diese umzusetzen. So wirst du nicht nur für dich sorgen, deinen Körper pflegen oder glücklicher sein, sondern auch schöner aussehen. Deine Ausstrahlung wird sich um ein Vielfaches intensivieren. Setze dir jeden Tag eine Mini-Verwöhnung als Ziel, wie zum Beispiel ein 30- minütiger Spaziergang. Ich möchte dich nur darum bitten, dir wirklich jeden Tag eine Auszeit zu nehmen und vor allem, wenn du einen schlechten Tag oder schlechte Laune hast. Starte deinen Tag mit einem wohlwollenden Blick auf dich selbst. Stehe jeden Morgen mit positiven Gedanken für den Tag auf, trinke deinen Lieblingstee, creme dich nach dem Duschen liebevoll ein, anstatt dich über deine Problemzonen zu beschweren. Achte auf dich, deinen Körper sowie auf gute Ernährung und genügend Bewegung. Nimm ein Bad oder genieße die Sonne. Es gibt so viele kleine Aufmerksamkeiten, welche du dir ohne großen Aufwand selbst geben kannst. Du hast es verdient!

1.7. Warum die meisten scheitern

Zwei Frösche sind auf Wanderschaft. Sie kommen an einem Bauernhof vorbei und sehen dort einen Eimer voller Milch stehen. Da quakt der erste zum zweiten: „Lass uns dort hineinspringen und die köstliche Milch verzehren." „Gute Idee", meint der andere. Sie springen in den Eimer hinein und lassen es sich dort richtig gut gehen. Als sie wieder hinauswollen, stellt sich aber heraus, dass es nicht geht. Der Eimer ist zu steil, die Wände zu glitschig und ein Entkommen aussichtslos. So strampeln sie Stunde um Stunde vergeblich im Milcheimer herum, bis der erste Frosch irgendwann leidlich quakt: „Wir können ebenso gut gleich aufgeben. Wir sind erledigt!" Woraufhin sein Freund erwidert: „Paddle nur weiter. Irgendwie werden wir es schon schaffen." Der erste: „Es hat keinen Zweck. Zu dick zum Schwimmen. Zu dünn zum Springen. Zu glatt zum Kriechen. Irgendwann müssen wir sowieso sterben, also kann es ebenso gut gleich sein ..." Und er sinkt auf den Boden des Eimers und stirbt. Sein Freund allerdings paddelt einfach weiter. Er paddelt und paddelt und als ihn schon schier alle Kräfte verlassen, merkt er, wie es unter seinen Füßen hart wird. Kurze Zeit später sitzt er auf einem Klumpen Butter, den er ganz alleine fabriziert hat. Und da sitzt er nun, strahlt übers ganze Gesicht und verschlingt die ganzen Fliegen, die von allen Seiten heranschwärmen.

Dieser kleine Frosch hat entdeckt, was die meisten Leute niemals herausfinden: Wenn man nur lange genug an etwas dranbleibt, dann schafft man es schließlich auch – ganz egal, wie groß oder übermächtig die Aufgabe am Anfang auch scheinen mag. Für mich bedeutet das, wenn ich mir ein Ziel setze, dass ich auch konsequent daran arbeite und mich von der Meinung der anderen nicht ablenken lasse. Nur so kann ich meine Ziele langsam, aber sicher erreichen. Tägliche Konzentration und Fokus auf dein Ziel helfen dir, mehr Durchhaltevermögen zu bekommen und deine Ziele zu erreichen.

Kennst du das Lied von Nickelback „What are you waiting for?" Stelle dir immer wieder diese wichtige Frage: Worauf wartest du in deinem

Leben? Ist es der perfekte Moment, die perfekte Nacht oder nur ein Zeichen, das dir den Weg zeigt? Bei alledem ist es wichtig, dass du weißt, wieviel Lebenszeit du während des Wartens verlierst! Also fang an, nach den Sternen zu greifen und an jeden deiner Träume zu glauben. Auch, wenn du vielleicht Angst hast, ist das Vertrauen in dich selbst viel größer und wird dir dabei helfen, nicht aufzugeben. Denn Vertrauen ist die schönste Form von Mut.

Die drei Bewusstseins-Ebenen in uns

Im Grunde gibt es drei Bewusstseins-Ebenen, welche ich mit einer Geschichte näher erklären möchte: Stell dir vor, du gehst durch ein dunkles Zimmer und nur eine kleine Kerze erleuchtet deinen Weg. Bei jedem Schritt stößt du gegen irgendetwas, das du als Hindernis empfindest. Du fühlst dich isoliert und von der Welt und anderen Menschen abgeschnitten. Diesen Zustand des eingeschränkten Lichts möchte ich mit dem des eingeschränkten Bewusstseins vergleichen. Stell dir nun vor, wie du den gleichen dunklen Raum durchschreitest, diesmal aber mit einer Taschenlampe in der Hand. So siehst du schon viel mehr und hast keine Angst mehr, bei jedem Schritt gegen etwas zustoßen und dir wehzutun. Außerdem erkennst du, dass das vermeintliche Hindernis ganz andere Funktionen hat. Es handelt sich um Möbelstücke, Stromkabel und so weiter – nichts, wovor man Angst haben muss, im Gegenteil: Du siehst, dass etwas, an dem du dich vorher noch gestoßen hast, ein sehr bequemes Sofa ist. Der Schrank, der dir fast den Zeh gebrochen hat, ist voller Bücher, die dich interessieren. Und das Kabel gehört zu einer Stereo-Anlage mit schönster Musik. Die „Hindernisse" sind wunderbare Gebrauchsgegenstände, mit denen du alles Mögliche machen kannst. Du fühlst dich nicht mehr isoliert und verloren, sondern mit allem verbunden. Dies entspricht dem Zustand des erweiterten Bewusstseins. Stelle dir nun vor, im gleichen Raum zu sein, nun ist er hell erleuchtet. Die Wände, der Boden und die Decke sind aus durchsichtigem Glas. Sonnenlicht durchflutet das Zimmer. Wenn du hinausschaust, siehst du, dass die ganze Welt dein „Spielplatz" ist. Dies entspricht dem Zustand des reinen Bewusstseins. Es gibt keine Probleme und daher braucht es auch keine Lösungen. In diesem Zustand bist du ein Kreativer, frei und voll im Fluss des Lebens.

Das Fazit ist, dass Probleme ausschließlich im Zustand des eingeschränkten Bewusstseins entstehen. Die Lösungen erscheinen im Zustand des erweiterten Bewusstseins. Im Zustand des reinen Bewusstseins gibt es weder Probleme noch Lösungen: Das Leben ist ein reiner Fluss und voller Kreativität.

1.8. Richte deinen Fokus ein

Viele Menschen haben Probleme, die Entscheidung zu treffen, sich auf ihre Ziele zu fokussieren. Und warum? Weil sie nicht die richtigen Fragen stellen. Denn, wenn du dir Fragen stellst, wie „Warum habe ich so viele Pickel?", „Warum bin ich ständig gestresst?" oder „Warum kann ich nicht einschlafen?" – kennst du die Antwort oft selbst. Die Antwort ist, dass du nicht die richtigen Maßnahmen ergriffen hast, um diese Probleme zu beseitigen.

Anstelle von Warum-Fragen solltest du dir Wie- oder Was-Fragen stellen: „Wie kann ich meine Unreinheiten loswerden?" – „Was soll ich dafür tun?" – „Was kann ich tun, um schöner auszusehen?" – „Wie kann ich es erreichen, dass meine Haut strahlt und ich glücklich bin?" – „Was kann ich tun, um energiegeladener, fitter und gesünder zu sein?"

Wenn du dir diese Fragen stellst, lädst du dich automatisch selbst ein, in das Thema einzusteigen und nach einer Lösung, anstatt nach einer Ursache zu suchen.

1.9. Befreie dich von schlechte Energie

Für dein Selbstbewusstsein ist es von großer Bedeutung, mit welchen Menschen du dich umgibst. Es sind die fünf Menschen, mit denen du am häufigsten zusammen bist, welche deine Gedanken und dein Handeln am meisten beeinflussen. Sie haben aber auch einen Einfluss auf deine Gesundheit, Lebenskraft und Lebensfreude. Unterstützen sie dich und machen sie dir Mut, wenn einmal etwas nicht gleich gelingt? Kritisieren sie dich ständig und machen dich klein? Sind sie grundsätzlich positiv eingestellt oder suhlen sie sich in Selbstmitleid, Sorgen und anderen negativen Gefühlen? Oft übernehmen wir die Emotionen und Gedanken der Menschen in unserer Umgebung. Deine Familie und Verwandten kannst du dir nicht aussuchen. Doch ist es deine Entscheidung, dich mit den Menschen zu umgeben, welche du gerne in deiner Nähe haben möchtest und die Menschen, die dir nicht gut tun, auf Distanz zu halten. Fokussierst du dich immer auf das, was andere machen wollen oder hörst du deinen eigenen Wünschen und Bedürfnissen zu? Es ist wichtig, dir selbst zuzuhören. Denn machst du nur das, was andere von dir wollen, wirst du mit der Zeit immer unzufriedener. Du solltest überlegen, was deine Wünsche sind und dementsprechend handeln. Vergiss dabei nicht, die Balance zwischen anderen Menschen und dir selbst nicht zu verlieren. Deine Bedürfnisse sind genauso wichtig, wie die der anderen Menschen. Vergiss jedoch nicht, den anderen Menschen Wertschätzung, Liebe und Vertrauen zu schenken, weil du nur das zurückbekommst, was du anderen gibst.

Seitdem ich angefangen habe, besser mit mir umzugehen, sagen mir viele, dass sie sich in meiner Umgebung wohler fühlen als früher. Ich mag mich mehr und auch die anderen mögen mich lieber. Zudem haben die anderen mehr von mir und kommen mit sich selbst besser zurecht. Behalte immer in deinem Kopf, dass du dein Glück nicht von anderen abhängig machen darfst und dein Selbstbild frei von deren Meinung ist.

Willst du dein Selbstbewusstsein stärken, solltest du dir ein positives Umfeld aufbauen. Das geht natürlich nicht von heute auf morgen – aber es geht. Und es lohnt sich: Kaum etwas baut dich so sehr auf wie Menschen, die dir guttun. Mit Menschen, die deine Energie rauben, solltest du den Kontakt so sehr reduzieren, bis du gut damit umgehen kannst. Noch einmal, weil es so wichtig ist: Unterschätze nicht den Wert deines guten Umfeldes! Baue dir ein positives Umfeld auf.

1.10. Wie du dir Ziele setzt, die in Erfüllung gehen

Wenn du aus deinen Wünschen konkrete Ziele machen möchtest, dann hat die richtige Formulierung des Ziels einen großen Einfluss auf den Erfolg der Umsetzung. Auf folgende Punkte kommt es an:

- **Das Ziel sollte positiv verpackt sein.**
Unser Unterbewusstsein versteht keine Verneinungen. Wenn du dir beispielsweise fest vornimmst, nicht an ein rotes Auto zu denken, dann kreisen deine Gedanken erst recht um alle roten Autos, welche du unterwegs siehst. Dein Unterbewusstsein ist geradezu darauf programmiert, bei Wörtern wie „nie", „niemals", „kein", „nicht mehr" oder „aufhören" das Gegenteil zu denken. Deswegen solltest du dir immer aufschreiben, was du willst. Zum Beispiel schreibst du: „Ich habe mein Traumauto, einen schwarzen Mercedes, am 1.1.2022 gekauft" anstelle von: „Ich will kein schlechtes Auto haben", Statt: „Ich will keine Schulden mehr haben", schreibst du: „Mein Kontostand ist ausgeglichen."

- **Um dein Unterbewusstsein darauf zu programmieren, sich auf dein Ziel zu konzentrieren, solltest du es so formulieren, als hättest du es bereits erreicht.**

Vermeide vage Formulierungen wie „Ich versuche", „Ich möchte gerne", „Ich will" und Konjunktive, wie „sollte", „müsste", „könnte". Statt „Ich will abnehmen": „Ich habe am 1.1.2022 mein Traumgewicht von 65 kg mit Freude und Leichtigkeit erreicht."

- **Stelle dir dein Ziel möglichst detailliert vor.**

Deine Vorstellungskraft ist sehr wichtig bei der Zielsetzung. Damit lieferst du deinem Unterbewusstsein Bilder, welches es ihm erleichtern, auf das Ziel hinzuarbeiten und du motivierst dich selbst, dranzubleiben. Nun hast du deine Ziele, die bis jetzt nur deine Träume waren, klar definiert und aufgeschrieben. Deine Träume machen dir vielleicht Angst und du fragst dich selbst immer wieder: „Habe ich mir vielleicht ein bisschen zu viel vorgenommen?" Diese Gedanken kommen auch mir immer wieder, wenn ich meine Ziele am Anfang des Monats oder des Jahres setze. Doch dann blicke ich eine Karte an, die genau vor meinen Augen über dem Schreibtisch hängt: „Träume sind zum Jagen da." Mit der Zeit ist dieser Spruch zu meinem Leitsatz geworden. Und jedes Mal, wenn ich daran zweifle, ob das Ziel vielleicht zu groß für mich ist, blicke ich auf diese Karte und nicke aufmunternd. Wann immer ich vor der nächsten größeren Herausforderung stehe und innerlich zögere, denke ich: „Träume sind zum Jagen da." So nehme ich meinen Mut zusammen und gehe jagen. Das Jagen führt mich Schritt für Schritt zu meinem Traumziel. Lerne, deiner inneren Stimme zu vertrauen und lasse den Zweifeln keinen Platz. Dein bestes Ich kannst du erreichen, indem du Ziele setzt, diese täglich visualisierst und bestimmte Schritte in diese Richtung gehst. Was immer du dir vorstellst, woran du wirklich glaubst und wofür du positive Gefühle entwickelst, das kannst du auch erreichen – denn sonst könntest du es dir nicht lebhaft vorstellen.

- **Erstelle ein Traumbuch.**
Eine andere Möglichkeit die eigenen Träume zu visualisieren, ist ein Traumalbum zu erstellen. Es kann zu deiner Motivation und deinem Antrieb werden, um deine Ziele zu erreichen. Dafür habe ich mir ein großes Fotoalbum ohne Folien gekauft. So hatte ich ein dickes Album mit vielen Seiten und habe ausgedruckte Bilder hineingeklebt von Wünschen, die ich mir gerne erfüllen möchte: mein Traumhaus mit allen verschiedenen Zimmern, meine Reiseziele, mein Traumauto, mein Traumgewicht, meine beruflichen Ziele sowie Motivationssprüche. Lass deiner Fantasie freien Lauf. Es gibt noch so viel mehr, was du in dein Traumbuch einkleben kannst. Dieses Traumbuch kann dir dabei helfen, eine Vorstellung von dem zu kreieren, was du gerne in deinem Leben sehen möchtest.

Hier sind ein paar meiner Ziele, welche ich für mich gesetzt und erreicht habe: Im Jahr 2016 habe ich für mich das Ziel gestellt, bis 1.10.2017 das Auto Audi Q3 zu kaufen. Wie habe ich mir dieses Ziel gestellt? Zuerst habe ich mir überlegt, welches Auto mir von allen am meisten gefällt. Nach langen Überlegungen habe ich mich für den Audi Q3 entschieden. Außerdem ist türkis meine absolute Lieblingsfarbe. So habe ich im Internet genau das Auto gefunden, was für mich mein absolutes Traumauto war. Ich habe ein Bild von diesem Auto ausgedruckt, mein Ziel darunter aufgeschrieben und dieses in mein Traumalbum hineingeklebt. Ein zweites Foto mit diesem Ziel habe ich an meinem Schrank aufgehängt, damit ich dieses Auto jeden Tag vor meinen Augen hatte. Als Zieldatum habe ich mir den 1.10.2017 ausgesucht. Letztendlich habe dieses Auto genau zwei Jahre später, am 5. Dezember 2019 gekauft. Ich war so glücklich und so aufgeregt! Ich hatte zuerst sogar ein bisschen Angst, damit zu fahren, obwohl ich seit meinem achtzehnten Lebensjahr Auto fahre. Ich habe eine gewisse Zeit gebraucht, um mich an das Auto zu gewöhnen, weil das eine komplett neue Erfahrung für mich war. Ich musste sozusagen in mein neues Auto hineinwachsen und hatte das Gefühl, ein höheres Niveau in meinem Leben erreicht zu haben. Mit dieser Erfahrung habe ich gelernt, dass es keinen Unterschied macht, wenn du das Ziel nicht zum gestellten Datum erreicht hast. Dein Gehirn ist vorprogrammiert und möchte dieses Ziel bis zum Datum erreichen. Nichtsdestotrotz arbeitest du einfach weiter an der Zielerreichung, auch wenn das Datum überfällig ist. Es kann immer passieren, dass du dein Ziel später erreichst, als du es geplant hast. Das ist kein Problem. Viel wichtiger ist es, das du dein Ziel nicht aus den Augen verlierst, fest daran glaubst und drauf hinarbeitest.

Im Jahr 2018 war ein anderes Ziel, mein Gewicht zu reduzieren und mein Traumgewicht zu erreichen. Ich wog 75 kg bei einer Größe von 170 cm. Es störte mich, weil ich früher immer unter 70 kg gewogen habe und damit sehr glücklich war. Ich habe mir als erstes überlegt, welches Gewicht für mich perfekt wäre, sodass ich mich in meinem Körper wohlfühle. So habe ich mir das Ziel gesetzt, 65 kg zu wiegen. Als nächstes habe ich mir ein Foto einer Frau aus der Zeitung ausgeschnitten, welche meiner Meinung nach eine Traumfigur hatte. Dann habe ich den Kopf dieser Frau mit einem Bild von meinem Kopf überklebt. Darunter habe ich mein Ziel aufgeschrieben. Letztendlich habe ich das Ziel erreicht und war wirklich stolz auf mich. Ich fühlte mich stark, unbesiegbar und ermutigt.

Außerdem hängt an der Wand in meinem Flur ein Bild mit einem Zitat von Pablo Picasso: „**Everything you can imagine is real**". Ich finde dieses Zitat großartig und meine, dass jeder diese Aussage verinnerlichen sollte. Denn jedes Mal, wenn ich daran vorbeilaufe, sagt mir mein Verstand: „Alles, worüber ich nachdenke und mir vorstelle, kann ich erreichen". Somit werde ich täglich daran erinnert, dass ich alles erreichen kann, was ich mir vorstelle.

Mache kleine Schritte

Erfolg zieht Erfolg nach sich. Deshalb ist es so wichtig, Erfolgserlebnisse zu schaffen, welche auch erst einmal klein sein können. Du brauchst keine großen Schritte zu machen. Zerschnippel sie in Aktionen, die du kontrollieren kannst. Sehr hilfreich ist es auch, jemandem zu finden, der das, was du vorhast, bereits geschafft hat. Solche Erfahrungsberichte sind von unschätzbarem Wert.

Dein Leben hat einen Sinn

Auch, wenn wir uns manchmal einsam, verloren und schlecht fühlen, hat unser Leben immer einen Sinn. Dieser Sinn und Zweck wird auf geistiger, seelischer Ebene bestimmt und entfaltet sich dann in unserem täglichen Leben. Je tiefer wir mit diesem Plan verbunden sind, desto mächtiger wird sich dieser Sinn und Zweck in unserem Leben offenbaren. Letztendlich kann diesen Plan jedoch nichts aufhalten. Wenn wir viel meditieren oder es mit anderen Praktiken schaffen, unser Bewusstsein zu erweitern, wird sich dieser Plan, der Sinn und Zweck unseres Lebens, immer deutlicher vor uns auftun.

1.11. Es ist Zeit, durchzustarten

Wann ist es am besten, sich Ziele zu setzen?

Das Ziel, welches du vor dir stellst, ist nur ein kleiner Teil der gesamten Zielsetzung. Was einen riesigen Unterschied macht, ist dein innerer Zustand, während du das Ziel festlegst. Denn, wenn du dir etwas vornimmst und visualisierst, während du müde, überarbeitet oder mutlos bist, bist du nicht motiviert genug für das Ziel und es zu erreichen. Deshalb ist es besser, Ziele festzusetzen, wenn du dich energiegeladen, optimistisch und selbstsicher fühlst. Dann ist die Wahrscheinlichkeit höher, es zu erreichen. Also? Kuriere deine Aufschieberitis.

Tipps

- Erstelle eine Liste mit allen unerledigten Aufgaben und Vorhaben. So verschaffst du dir einen Überblick.
- Notiere bei jedem Punkt auf deiner Liste die Gründe, warum du das Ziel noch nicht erreicht hast und anschließend die Vorteile, wenn du es endlich vollendest.
- Überlege bei jedem Punkt, ob du es selbst erledigen musst oder ob es jemand anders übernehmen kann. Oder hat sich die Sache ohnehin bereits von selbst erledigt?
- Nimm nur die wichtigsten Dinge in Angriff. Deine Liste sollte nicht zu allgemein sein. Falls doch, teile die größeren Aufgaben in kleine Schritte auf. Fang am besten mit einem Schritt an, welcher dir größeren Spaß macht.
- Lege für jeden Schritt einen schriftlichen Termin in deiner Planung fest. Falls du bisher keine Tagesplanung vornimmst, trage deine Aufgaben einfach in deinen Kalender, verteilt auf die kommenden Tage oder Wochen, ein, sodass die Erledigung realistisch ist.
- Nimm dir jeden Abend drei Minuten Zeit, um zu kontrollieren, wie du vorankommst. Freue dich, wenn du wieder eine unangenehme Aufgabe aus dem Weg geräumt hast!

1.12. Schneller zum Ziel

Hoffentlich hast du dir beim Lesen viele Notizen gemacht und dir vorgenommen, einige der Tipps in dein Leben zu integrieren und umzusetzen. Jetzt fragst du dich sicherlich: „Wann soll ich anfangen, meine Ziele umzusetzen? Soll ich das am ersten Tag des Monats tun? Oder am kommenden Montag? Oder ab einem Tag, den ich besonders finde?" Meine Antwort ist: Du solltest gleich morgen anfangen. Der beste Moment, um etwas zu starten, ist immer jetzt. Natürlich solltest du mit kleinen Schritten anfangen, aber auf jeden Fall morgen. Nicht in einer Woche, nicht in einem Monat, nicht in einem Jahr. Bei der Erreichung der Ziele geht es darum, täglich etwas dafür zu tun. Folglich bedeutet es auch, direkt zu handeln, wenn du dich entscheidest, für IMMER SCHÖN zu sein. Nur andere schöne Frauen zu beobachten, über sie zu lesen, selbst jedoch nichts zu unternehmen und mit der Zielsetzung zu warten, ist Zeitverschwendung. Deshalb gibt es die 72-Stunden-Regel. Diese Regel besagt, wenn du mit deinem Vorhaben nicht innerhalb von drei Tagen handelst, dann ist die Wahrscheinlichkeit sehr gering, dass du später noch damit beginnst. Tendenziell wirst du NIE damit anfangen.

Für die 72-Stunden-Regel

- Setze sofort um, was du gelesen, geschrieben oder dir vorgenommen hast.
- Trage Rituale und Aktivitäten, welche dir guttun, zusätzlich in deinen Terminkalender ein und verschiebe es auf keinen Fall auf einen anderen Tag.
- Schreibe beispielsweise jeden Sonntag einen Plan mit Dingen, welche du in der nächsten Woche erledigen möchtest. Anschlie-

ßend planst du, wann du es umsetzen möchtest und am Ende der Woche, am kommenden Sonntag, hakst du all diese Dinge als „erledigt" ab.

Letztendlich brauchst du ein bisschen Durchhaltevermögen und solltest nicht aufgeben, bis du dein Ziel erreicht hast! Als Ergebnis für dein Durchhaltevermögen bekommst du Schönheit, Freude, Bewunderung, Stolz und Glück für dich selbst.

Neue Inputs an das Gehirn:

- Gehe jeden Tag, an dem die Sonne scheint, mindestens zehn Minuten nach draußen.
- Finde Orte, welche auch gut zu Spaziergängen bei schlechtem Wetter passen. Gewisse Parks und Wälder sind einfach zauberhaft.
- Triff dich regelmäßig mit den liebevollsten und herzlichsten Menschen, die du kennst.
- Mache in einer Gruppe leichten Sport oder Gymnastik.
- Plane in allen Details einen Traumurlaub und versuche, diesen Traum durch Fotos und Artikel so real und greifbar wie möglich erscheinen zu lassen.
- Nutze die ruhige Zeit für deine Inspirationen, beispielsweise durch Bücher.
- Schreibe Briefe und gib dir dabei Mühe, so angenehm und unterhaltsam wie möglich zu sein.

1.13. Zeit zu ernten: Erfolge festhalten und feiern

Das Leben ist wie eine Waagschale. Wenn du auf einer Seite der Waagschale viel Stress, Ärger, Frust und Unzufriedenheit hast und auf der anderen quasi keine Glücksmomente, Erfüllung, Freude und Spaß, dann hast du keine innere Balance und brichst zusammen. So wirst du krank, erschöpft und ausgepowert. Deshalb ist es sehr wichtig, ein Journal über deine Erfolge zu führen. In diesem Journal solltest du jeden Tag mindestens drei deiner Erfolge aufschreiben. So stellst du sicher, dass du vorankommst und deine Ziele erreichst. So freust du dich auch über deine Erfolge und hältst sie dir immer vor Augen. Es ist wichtig, sich diese Dinge vor Augen zu führen und zu verstehen, dass das wahres Selbstbewusstsein letztendlich nur durch dich selbst gestärkt werden kann.

Ein zweites Journal, welches auch enorm wichtig ist, ist das Dankbarkeitsjournal. In diesem Journal schreibst du dir mindestens drei Dinge auf, für welche du heute dankbar bist und du spürst die Dankbarkeit dafür. Wenn du diese beiden Journale drei Monate lang führst, wachsen dein Selbstbewusstsein, deine Freude und deine Selbstliebe automatisch enorm.

Außerdem solltest du deine Erfolge feiern. Das Leben bietet so viele Gründe, um sich selbst zu feiern. Jede Kleinigkeit ist es wert, gefeiert zu werden! So können die Glückshormone ausgeschüttet werden, durch welche wir uns bestärkt und aufgemuntert fühlen. Sie aktivieren die positiven Gefühle und helfen dir, an deinem Ziel dran zu bleiben, wenn es auf dem Weg schwierig wird. Und, glaube mir, an irgendeinem Punkt wird es immer schwierig. Die Wahrnehmung und Wertschätzung von Fortschritt und Erfolg macht uns nicht nur Freude, sondern fördert auch die Motivation. Motivation ist der „Motor", der befähigt, Ziele anzupeilen, sich dazu aufzuraffen und ins Handeln zu kommen. Das stärkt unser Selbstbewusstsein und Bestreben, noch mehr zu erreichen.

1.14. Die Lügen, die wir uns selbst einreden

Jeder Mensch hat eine einzigartige Ausstrahlung sowie eigene positive oder negative Energie. Deshalb unterhältst du dich gerne mit jemandem, der Leichtigkeit, Freude, Liebe und Glück ausstrahlt – und hältst dich von anderen Menschen fern, welche Ärger und dauernde Unzufriedenheit ausstrahlen. Das passiert häufig automatisch. Zum perfekten Aussehen einer schönen Frau gehört eine positive Ausstrahlung. Diese bekommst du weder durch eine gute Hautpflege noch durch die Wahl hochwertiger kosmetischer Präparate. Diese positive Ausstrahlung wird bei manchen Frauen vor allem durch negative Selbstrede heruntergezogen. Schließlich sagen viele Frauen und junge Mädchen wie unglücklich sie mit ihrem Aussehen sind. Zum Beispiel beklagen manche ihr dünnes Haar, andere fühlen sich zu dick, wiederum andere finden ihre Nase, Lippen oder Brust unattraktiv. Neunzig Prozent der Frauen haben eine Körperstelle, die sie unattraktiv finden, weil sie nicht der gesellschaftlichen Norm entspricht. Doch anstatt tausende Vorteile Ihres Körpers zu finden, konzentrieren sie sich auf diese eine Stelle, welche sie als unattraktiv empfinden. Letzten Endes strahlen diese Frauen Unzufriedenheit aus und bekommen oft automatisch schlechte Laune. Und mit andauernder schlechter Laune, kannst du nicht Glück und Zufriedenheit ausstrahlen.

Hast du dir schon einmal überlegt, warum du dich unattraktiv fühlst? Was genau gefällt dir nicht an deinem Aussehen? Was sprichst du den ganzen Tag mit dir selbst über dich? Deine Nase ist zu groß? Deine Augen sind zu schmal? Deine Augenbrauen sind zu dünn oder zu dick? Dein Muttermal stört dich? Du hast 60 bis 80 Tausend positive und negative Gedanken pro Tag. Je nachdem, ob du eine Fülle negativer, pessimistischer Gedanken aussendest oder die positiven, optimistischen Gedanken überwiegen, dementsprechend beeinflusst du dein Wohlbefinden. Menschen, Dinge oder Lebensumstände können dich nicht unglücklich machen. Es sind immer deine Reaktionen und die Art, wie du Dinge interpretierst, die dich unglücklich machen. Du beziehst deinen Wert und deine Identität aus dem, was du denkst und fühlst. Wenn du eher Negatives über dich denkst, dann solltest du das ändern – und zwar sofort! Denn diesen Gedanken, welchen du jetzt gerade denkst, kannst du bewusst ändern.

Frauen, die sich mit Leidenschaft für etwas begeistern können, wenn sie für ihre Ziele kämpfen oder sich mit Herzblut für etwas einsetzen, sind die Glücklichsten. Und dieses Glück strahlen sie aus. Es ist großartig, wenn du den Abenteuern des Lebens entgegentrittst und dem Ganzen mit offenen Armen gegenüberstehst. Somit strahlst du es nach außen und dein ehrliches Lächeln ist schöner denn je. Schönheit hat nichts mit Perfektion zu tun, sondern damit, du selbst zu sein. Frauen, die eine Verbindung zu ihren Mitmenschen aufbauen können und Herzlichkeit ausstrahlen, punkten mit ihrer Natürlichkeit und ihrem Herzen. Wenn eine Frau nicht nur weiß, wovon sie redet, sondern auch eine Diskussion mit stichhaltigen Argumenten führen und Lösungen für Probleme anbieten kann, fühlt sie sich schön, bestätigt und nützlich. Je mehr Positives du über dich findest, umso positiver denkst du auch über dich selbst!

1.15. Das Gesetz von Geben und Nehmen

Ein Lehrer brachte eines Tages Luftballons mit in die Schule und forderte seine Schüler auf, sie aufzupusten und ihren Namen auf den Luftballon zu schreiben. Nachdem die Kinder ihre Luftballons in die Halle geworfen hatten, ging der Lehrer durch den Raum und mischte sie alle durch. Die Kinder hatten anschließend fünf Minuten Zeit, um den Ballon mit ihrem Namen zu finden. Obwohl sie hektisch suchten, fand niemand seinen eigenen Ballon. Dann forderte der Lehrer sie auf, den Ballon in ihrer Nähe zu nehmen und ihn der Person zu geben, deren Name darauf stand. In weniger als zwei Minuten hielt jeder seinen eigenen Ballon in den Händen. Der Lehrer sagte zu den Kindern: „Diese Luftballons sind wie Glück. Wir werden es nicht finden, wenn wir nur nach unserem eigenen suchen. Aber wenn wir uns um das Glück eines anderen kümmern, wird es uns letztendlich helfen, unser eigenes zu finden."

Wenn du es auch schaffst, anderen Menschen zu helfen, glücklich zu werden, bekommst du das Glück um ein Vielfaches zurück. Das ist das Gesetz von Geben und Nehmen. Je mehr du bereit bist zu geben, desto mehr bist du in der Zukunft bereit, nehmen zu können. Anders gesagt: Wenn dir nicht reicht, was du zurzeit bekommst, solltest du mehr geben als zuvor. Alles, was du gibst, ob positiv oder negativ, kommt wie ein Bumerang zu dir zurück. Wenn du in deinem Beruf anderen Menschen einen Mehrwert gibst, sind diese auch bereit, mehr dafür zu bezahlen. Du weißt nicht, welchen Beruf du in der Zukunft ausüben willst? Dann versuche Folgendes: Überlege dir, welcher Beruf dir am meisten Spaß macht. Was machst du gerne? Welche Arbeit hättest du am liebsten gemacht, wenn du nicht ans Geld gedacht hättest? Schreibe es auf. Genau dieser Beruf, den du am liebsten machen würdest und welcher dir am meisten Spaß macht, wird dir die größte Zufriedenheit, Erfüllung sowie Geld bringen. Glaub mir, das Leben ist zu kurz, um unbeliebte Jobs zu machen und sich selber klein zu halten. Wir sind geboren, um frei zu sein, unser volles Potenzial auszuschöpfen und unser Leben in voller Kraft zu genießen. Schönheit ist nichts, was man anhand einer

Rechenformel erklären kann. Doch eines ist sicher: Wer sich für andere Menschen interessiert und ihnen hilft, wirkt automatisch schöner! Es gibt nichts Attraktiveres als Frauen mit wahrer Leidenschaft. Ob Job, Hobby oder Familie – eine Frau, welche mit Herzblut an eine Sache glaubt, ist unglaublich schön. Schöne Frauen setzen sich selber keine Grenzen. Sie sind offen für neue Ideen, Orte und Menschen. Gerade ihr Wagemut macht sie attraktiv und interessant.

Schlüssel 2
Liebe Dich selbst

Erst muss es Dir gut gehen,
damit Du anderen Gutes tun kannst.

2.1. Du bist so hübsch, wie du dich fühlst

Kennst du diese Geschichte über die Selbstliebe?

Vor langer Zeit, als die Menschen noch jung waren, mischten die Götter noch kräftig im Leben der Menschen mit. Oft waren sie zornig, ungerecht – und auch sehr eigen in dem, was sie von den Menschen hielten. So trafen sich die Götter an einem Tag, um sich zu beraten, denn die Menschen hatten die Liebe entdeckt. Und so mit Liebe erfüllt, waren die Menschen den Göttern zu mächtig. Außerdem waren sie etwas beleidigt, denn jetzt war kaum noch jemand verzweifelt und betete sie an. Deshalb beschlossen die Götter, die Liebe vor den Menschen zu verstecken. „Vielleicht sollten wir sie auf dem Grund des Meeres versenken?", schlug einer der Götter vor. „Nein, das ist zu unsicher ... eines Tages werden die Menschen die Meere erforschen und dann könnten sie die Liebe finden", entgegnete ein anderer Gott. „Dann sollten wir die Liebe auf dem höchsten aller Berge verstecken!", rief ein junger, zorniger Gott. „Nein, auch das ist zu unsicher, eines Tages werden die Menschen auch die höchsten Berge besteigen. Dann könnten sie dort die Liebe finden", entgegnete ein weiterer Gott aus der Runde. „Was sollen wir dann mit ihr tun? Wo können wir die Liebe so verstecken, dass die Menschen sie nicht finden? Welcher Ort könnte sicher vor ihnen sein?" Die Götter überlegten und grübelten ... bis sich ein Gott meldete: „Ich hab's! Ich habe den sichersten Ort der Welt gefunden. Ich weiß jetzt, wo wir die Liebe vor den Menschen verstecken können!" Die anderen Götter schauten ihn neugierig an. „Wir verstecken die Liebe in den Herzen der Menschen – denn dort schauen sie mit Sicherheit zuletzt nach." Und so kam es. Die Götter versteckten die Liebe im Herzen eines jeden Menschen. Und so lange die Menschen nicht lernten, in ihre eigenen Herzen zu schauen und zuerst die Liebe darin zu entwickeln, blieb sie ihnen verborgen.

Ist dir das auch schon einmal aufgefallen? Wir geben uns ständig unverschämt viel Mühe, andere Menschen mit Respekt und Mitgefühl zu behandeln und Rücksicht zu nehmen. Und uns selbst gegenüber? „Nee, passt schon, mir geht's gut, wirklich." Da machen wir keine so großen Sprünge. Als wenn wir nicht die allerersten wären, die eine liebevolle Behandlung durch uns selbst brauchen und auch verdienen! Wir erwarten zu oft, dass wir in allem perfekt sind und verurteilen jeden noch so kleinen Fehler. Gleichzeitig erfahren die anderen viel Zuneigung und Aufmerksamkeit von uns – während wir uns selbst ganz hinten anstellen.

Selbstliebe bedeutet, in einer Beziehung mit sich selbst zu sein. Und wie in anderen Beziehungen auch, gibt es Zeiten, in denen man sich mal näher und mal entfernter fühlt. Es gibt Zeiten, in denen man sich neu finden muss, aber es gibt auch Streitigkeiten und Meinungsverschiedenheiten. Trotz alledem gibt es ein aufeinander zugehen, Mitgefühl, Verständnis und das Aussprechen und Aufzeigen von Grenzen. Genau das passiert auch in der Beziehung mit dir selbst. Das bedeutet, dass es darum geht, deine Beziehung zu dir selbst zu gestalten. So wird sie dynamisch und kann sich jederzeit verbessern. Denn Selbstliebe ist heutzutage überlebenswichtig. Ohne Selbstliebe wird man krank und führt ein Leben ohne Freude. Ohne ein gesundes Selbstwertgefühl ist es schwer, Größe auszustrahlen.

Der Begriff ‚Selbstliebe' wird oft fälschlicherweise mit Egoismus gleichgesetzt. Menschen, welche auf sich selbst achten, werden als Narzissten abgestempelt. Dabei hat diese Eigenliebe nichts mit blindem Egoismus zu tun. Genau das Gegenteil ist der Fall. Schließlich wollen alle, dass man hilfsbereit ist und sich für andere hingibt. Allerdings wird in dieser Gleichung oft das Wichtigste vergessen: DU selbst, DEINE Person.

Wie willst du für andere da sein, wenn es dir selbst nicht gut geht? Wie willst du jemandem Energie geben, wenn du selbst keine hast? Wie willst du deine Liebe teilen, wenn du keine besitzt?

Das geht nicht. Erst muss es dir selbst gut gehen, damit du anderen Gutes tun kannst. Denn Selbstliebe ist die Wurzel der Nächstenliebe und wahre Nächstenliebe ist der Überschuss an Eigenliebe, welchen man mit anderen teilen möchte. Dir selber geht es sehr gut und darum bist du bereit, anderen von deiner Lebensenergie abzugeben. Schließlich kann ein Mensch, welcher voller Hass und Unzufriedenheit in den Tag geht, nicht zu allen liebevoll sein. Vielleicht kennst du selbst diese Tage, an denen es dir richtig gut geht, du in die Welt hinausgehst und hilfsbereit bist. Du lässt andere an deiner Lebensfreude teilhaben und schwimmst in einem Überfluss von Liebe und Energie.

Löse dich von dem Glauben, dass gesunde Selbstliebe etwas Schlechtes ist, weil es nicht stimmt. Die Liebe zu dir selbst ist das Beste und Wichtigste überhaupt. Und nur wer lernt, sich selbst zu lieben, kann auch jemals andere Menschen lieben. Wie soll man sonst anderen gegenüber Respekt zeigen, wenn man sich selbst nicht respektiert? Man weiß doch gar nicht, wie das geht!

Der einzige Mensch, mit dem du ein Leben lang zusammen bist, bist du selbst. Darum höre auf dich, denn nur du weißt, was gut für dich ist. Hab dich gern, denn das ist viel wert. Tue das, was du für richtig hältst – aber tue es!

Früher habe ich gewartet, dass mir mein Partner Blumen zum Geburtstag schenkt. Ich habe erwartet, dass er mich fragt, welche Kleidung ich gerne haben möchte, damit er sie mir dann kauft. Habe ich im Laden etwas Schönes gesehen, habe ich es nie für mich selbst gekauft, sondern mir in meinen Gedanken gewünscht, dass mein Partner es mir schenkt. Ich habe eine lange Zeit einfach nur gewartet und am Ende nichts bekommen. So wurde ich frustriert und unzufrieden und noch schlimmer war, dass ich meine Gedanken nur in mir getragen habe und meine Wünsche nie geäußert habe. Ich dachte, dass es egoistisch sei, sich selbst etwas Schönes zu kaufen und dass es peinlich ist, danach zu fragen.

Als ich ein junges Mädchen war, hat mir keiner etwas über Selbstliebe erzählt. Niemand hat mir gesagt, dass ich mich selbst um mich kümmern und mir selbst Liebe schenken soll. Das habe ich erst nach vielen Jahren und einer gescheiterten 10-jährigen Ehe erfahren. Deswegen möchte ich, dass du schon viel früher über Selbstliebe erfährst, dass es nicht egoistisch und nicht peinlich ist, sich um sich selbst zu kümmern. Ich habe erst viele Jahre nach meiner Scheidung angefangen, meinen Wünschen nachzugehen und das zu machen, was mir Spaß macht. Ich entdecke zum Beispiel gerne neue Städte und Länder und habe meine sportlichen Lieblings-Aktivitäten, wie Schwimmen, Zumba tanzen und Yoga. Außerdem trainiere ich mich jeden Morgen mit Gymnastik.

Wenn ich einen schönen Blumenstrauß sehe und Lust habe, ihn zu kaufen, dann schenke ich ihn mir selbst. Wenn ich etwas Schönes im Laden sehe, kaufe ich es mir und wenn ich etwas unternehmen möchte, dann höre ich genauso auf meine Wünsche und fühle mich dauernd glücklich. Könntest du dir vorstellen, das auch zu machen? Vielleicht gehen nicht alle deine Wünsche und Bedürfnisse von heute auf morgen in Erfüllung, aber du kannst deinen Fokus auf sie lenken und diese Stück für Stück erfüllen.

Hast du dich auch schon einmal gefragt, warum uns ein „Ich liebe dich" deutlich leichter über die Lippen kommt als ein „Ich liebe mich"? Weil wir nicht als selbstbezogen und arrogant gelten wollen? Weil es sich nicht gehört, sich selbst der beste Freund zu sein? Weil es egoistisch ist, die eigenen Bedürfnisse und Wünsche ernst und wichtig zu nehmen? Es ist sehr wichtig, die Liebe zu sich selbst zu entwickeln. Wer kann sich am besten um dich kümmern, wenn nicht du selbst? Du kennst dich am besten und weißt, was dir gut oder nicht guttut. Außerdem weißt du, was dich zum Lachen und zum Weinen bringt und kannst dir selbst entweder gute oder schlechte Laune bereiten. Warte nicht darauf, dass andere Menschen deine Gedanken lesen oder dich fragen, was du dir gerne wünschst. Du weißt, was du brauchst und musst nicht darauf warten, dass es andere für dich tun.

Wenn dich niemand liebt, liebe dich selbst!
Wenn dich niemand beachtet, achte dich selbst!
Wenn dich niemand schätzt, schätze dich selbst!
Wenn dich niemand feiert, dann feiere dich selbst!
Wenn niemand an dich glaubt, dann glaube wenigstens du selbst an dich! Es geht im Leben nicht darum, dass andere Menschen etwas für dich tun oder dich ermutigen, etwas zu tun. Du musst es selbst tun! Alle Motivation muss aus dir selbst kommen, aus deinem Inneren, denn dort sitzt die ganze Kraft, um die Welt zu verändern!

Achte dich selbst

Liebe, Achtung, Wertschätzung und Anerkennung beginnen bei uns selbst. Wenn du tolerierst, dass jemand schlecht mit dir umgeht, dann achtest du dich selbst nicht. Übe dich in Selbstliebe. Frage dich: Tut mir das gut oder tut mir das nicht gut? Und handle danach. Lasse nur noch Menschen an dich heran, die wertschätzend mit dir umgehen und gehe du selbst auch wertschätzend mit ihnen um. Und natürlich auch mit dir selbst! Denn, wenn dich Scham und Ängste quälen, kannst du nicht strahlen. Schließlich ist Selbstliebe ein Abenteuer. Eine Reise. Es ist der Weg zu einer gesunden und glücklichen Beziehung mit dir selbst.

2.2. Was hält dich zurück, sich selbst zu lieben?

Warum soll ich mich lieben? Warum soll ich mich denn lieben, wenn es nichts Gutes und Besonderes an mir gibt? Du zweifelst oft an dir, weil du dein „WARUM" nicht kennst. Den größten Einfluss auf Selbstliebe, Selbstwertgefühl und Selbstvertrauen hat unser innerer Dialog. Die Worte, mit denen du dich selbst bezeichnest und innerlich zu dir selbst sprichst, haben Macht. Sie beeinflussen deine Gefühle und dein Handeln. Du kannst auf liebevolle und stärkende, aber genauso auf kleinmachende und vernichtende Art und Weise mit dir selbst kommunizieren. Um das innere Selbstgespräch zum Positiven zu verändern, brauchst du Aufmerksamkeit, Übung und Geduld. Nun möchte ich dir Dinge nennen, die wirklich beweisen, wie wichtig Selbstliebe im Leben ist.

- **Selbstliebe gibt dir Selbstvertrauen und Stärke.**
Wenn du dich selbst liebst, kannst du dir und anderen gegenüber aufrichtig und ehrlich sein. Du hast keine Angst, das zu tun und zu sagen, was du für richtig hältst. Damit bist du nicht mehr von der Zuneigung deiner Mitmenschen abhängig.

- **Wenn du dich selbst liebst, bist du attraktiver.**
Wenn du dich selbst liebst, sehen andere dich als starke Persönlichkeit und begegnen dir mit Respekt, weil du dich nicht verbiegen und um die Liebe der anderen betteln musst. Deine Mitmenschen sind gerne mit dir zusammen, weil du ausgeglichen bist und eine positive sowie offene Ausstrahlung hast.

- **Du bist emotional stabiler, wenn du dich liebst.**
Du hast keine Angst vor Ablehnung und Zurückweisung. Du bist emotional ausgeglichener, weil du weniger Erwartungen an andere hast und deswegen nicht in Gefahr gerätst, verletzt zu werden.

- **Du bist in allen Bereichen erfolgreich.**
Dein Selbstvertrauen und der Glaube an deine Fähigkeiten sind so stark, dass du leichter mit Problemen umgehen und sie auch überwinden kannst. Du bist sicher, dass du die Ziele erreichen kannst, die für dich wichtig sind. Du verurteilst dich nicht für deine eigenen Fehler und hast keine Angst vor Misserfolgen. Du bist privat und beruflich entscheidungsfreudiger, risikofreudiger und erfolgreicher.

- **Selbstliebe macht großzügig.**
Wenn du zufrieden mit dir selbst bist, dann bist du deinen Liebsten gegenüber großzügiger. Du schenkst anderen deine Liebe sowie Aufmerksamkeit und verzeihst, wenn sie einen Fehler machen.

- **Wenn du dich selbst liebst, dann behandelst du dich gut.**
Du achtest darauf, dich gesund zu ernähren und sorgst für ausreichend Bewegung und Schlaf. Du stellst dein Wohlbefinden an die erste Stelle.

Die innere Schönheit steckt in jedem von uns. Sie muss nur entdeckt werden, an sie muss erinnert werden, weil du nach außen ausstrahlst, was in deinem Inneren passiert. Wenn du dich gut fühlst, sind deine Mitmenschen gerne mit dir zusammen, weil du ausgeglichen und guter Laune bist.

2.3. Dein Körper ist perfekt

Dein Körperbild – dieses Thema betrifft jede Frau und jedes Mädchen. Warum hassen so viele Menschen ihren Körper? „Ich bin für den Rest meines Lebens in diesem hässlichen Körper gefangen", denken manche Frauen. Es beeinträchtigt jeden Lebensaspekt, wenn man seinen Körper hasst: die Schule, die Arbeit, die Beziehung. Viele Mädchen fangen früh an, ihren Körper zu hassen. Das geht so weit, dass sie sich auf nichts mehr konzentrieren können. Es kommt vor, dass sie deswegen Depression und Angstzustände bekommen. Leider lässt unsere Gesellschaft nicht viele Körperformen gelten und so denken viele, dass man nur akzeptiert wird, wenn man sich anpasst. Schaut man sich die Magazine der vergangenen 40 Jahre an, könnte man denken, es gäbe nur einen Typ Frau: Sie ist ca. 1,80 m groß, etwa 20 Jahre alt, normalerweise blond und blauäugig, mit einer Haut wie Plastik. Viele junge Mädchen sind besessen von diesen Magazinfotos von Frauen, welche porenlos aussehen und unerreichbar schön wirken. In Wahrheit gibt es diese Frauen nicht, weil sie am Computer entstehen. Und wie soll man sich mit seinem Spiegelbild gut fühlen, wenn man sich mit etwas vergleicht, was es überhaupt nicht gibt? Wie fühlt sich eine junge Frau mit Akne, wenn sie in den Zeitschriften andere Frauen mit einer glatten Haut sieht, welche als schön bezeichnet werden? Sie kann sich nicht dauerhaft im Spiegel ansehen, weil sie sich wegen des Zustands ihrer Haut abstoßend und damit verletzlich fühlt.

Medien schreiben uns vor, wie wir auszusehen, uns zu fühlen und uns zu verhalten haben. Mädchen werden mit Klischees bombardiert und denken, sie müssen auch so sein, sonst werden sie unwichtig, haben der Welt nichts zu bieten und können sich gleich in einem Loch verkriechen. Kein Wunder, dass so viele Frauen ihren Körper nicht mögen! Ich bin nicht schlank genug, nicht kurvig genug, nicht... was auch immer. Unser innerer Kritiker verhindert, uns erfüllt und glücklich zu fühlen. Denn von den Medien wurde eingeredet, dass dünn gesund und fett ungesund ist. Doch das ist nicht der Fall. Es gibt viele dünne Menschen, welche nicht gesund sind, ungesund essen und einen hohen Blutdruck haben. Und es gibt wiederum viele dicke Menschen, die kerngesund sind. Viele Frauen leiden unter Diäten und die Industrie verdient Milliarden damit.

Wie sieht der durchschnittliche Körper in Deutschland aus? Er ist 165 bis 172 cm hoch, 70 kg schwer und hat die Kleidergröße 40 – und nicht die Größe 34, welche uns ständig in der Werbung gezeigt wird. Männer heiraten Frauen, weil sie fröhliche und liebevolle Menschen sind, weil die Frauen sie glücklich machen und nicht, weil sie ein bestimmtes Gewicht haben. Wir halten nicht inne, um darüber nachzudenken, wie unglaublich der Körper ist, sondern konzentrieren uns nur auf ein kleines Detail: nämlich das Gewicht. 45 % der Frauen mit gesundem Gewicht, halten sich für übergewichtig. Frag dich doch einmal, wie es wäre, nicht ständig über dein Gewicht nachzudenken.

Ich habe für mich gelernt, dass mein Körper nicht nur ein Schmuckstück, sondern auch ein Instrument ist. Ich will ihn mit gutem Kraftstoff versorgen, mich bewegen und gesund leben. Außerdem habe ich Frieden mit meinem Körpergewicht geschlossen, weil ich gesund bin und möchte, dass Frauen ihren Körper für das lieben, was er kann und nicht dafür, wie er aussieht. Ein Körper soll fit, leistungsfähig und stark sein – egal wie er aussieht.

Es gibt so viele Menschen auf der Welt mit allen möglichen Formen und Größen und weltweit kursieren verschiedene Schönheitsideale. Es macht keinen Sinn, immer einem Schönheitsideal nachzurennen, weil es dich niemals vollkommen glücklich macht. Denn jede Frau ist viel mehr als das, was man im Äußeren sieht. Es ist wahre Energieverschwendung, wenn du dich ständig fragst, wie du aussiehst, anstatt dich zu fragen, was du beitragen kannst zu unserer Gesellschaft.

2.4. Wie kannst du für dich sorgen?

Selbstliebe entwickelt sich nach und nach und wird nach einer gewissen Zeit zu einem natürlichen Zustand in dir. Während des Prozesses rutschst du immer wieder in dein Ego zurück und suchst die Liebe und Bestätigung von außen. Das ist völlig in Ordnung. Genauso, wie du es nicht erwarten kannst, dass du dich ab morgen vollkommen akzeptierst, kannst du nicht erwarten, dass es für immer bleibt. Es ist ein Lernprozess, mit welchem du dich weiterentwickelst.

Du solltest dir im Laufe des Tages immer wieder die Frage stellen:
„Kann ich jetzt, in diesem Augenblick besser für mich sorgen?"
Diese Frage habe ich auf ein Blatt Papier geschrieben und in meinem Büro an die Wand gehängt. So frage ich mich im Laufe des Tages mehrmals, was ich für mich selbst tun kann.

Ich möchte dir ein paar Tipps geben, wie du dich am allerbesten um dich selbst kümmern kannst. Denn oft brauchen wir Inspirationen und einen kleinen Schubser, um die Selbstliebe ins Rollen zu bringen.

Für mehr Selbstliebe:

- Verbringe Zeit mit dir allein und stelle Kontakt zu dir selbst her. Es ist auch völlig in Ordnung, mit sich selbst zu reden.
- Sobald du merkst, dass du negativ über dich denkst, nimm es wahr und lasse es los. Du brauchst dich nicht darin zu vertiefen und dich deshalb schlecht zu fühlen. Sei dir bewusst, dass es nur ein Gedanke und nicht deine Realität ist. Du kannst diesen Gedanken loslassen.
- Zeige dir, dass du es wert bist und gönne dir immer wieder etwas. Es ist egal, ob es ein wenig Ruhezeit oder ein Kleidungsstück ist. Es kann auch eine Aktivität sein. Wenn du zum Beispiel gerne malst, nimm dir ein wenig Zeit und male ein Bild für dich.
- Schraub deine Erwartungen herunter. Nicht jeder wird genau das tun, was du willst. Du kannst nicht jeden kontrollieren. Doch du kannst dich selbst und deine Reaktion kontrollieren. Wenn du nicht ständig etwas von jemandem erwartest, wirst du nicht enttäuscht und glücklicher sein.
- Sei geduldig mit dir selbst. Es ist oft schwer, sich selbst zu lieben, weil es ein ganzer Prozess ist, der Geduld und Kraft braucht.

Um das Leben achtsam und bewusst anzugehen:

- Lebe mit Leidenschaft.
- Öffne dich für so viel Input, wie irgend möglich.
- Erstelle keine Feedback-Schleife aus Verurteilungen, strengen Einstellungen und Vorurteilen.
- Bewerte die Ansichten der anderen, als wären es deine eigenen.
- Triff bewusste, verantwortungsvolle Entscheidungen.
- Befreie deine Gefühlswelt. Emotionale Stabilität ist die beste Verteidigung gegen Starrheit und Unnachgiebigkeit.

- Birg keine Geheimnisse, sie schaffen dunkle Stellen in unserer Psyche.
- Bereue nicht die Vergangenheit und hab keine Angst vor der Zukunft.

Schreibe Affirmationen auf ein Blatt Papier und hänge es in deinem Zimmer auf:

- Ich bin authentisch ich selbst.
- Ich strahle lebendig von innen.
- Ich liebe meinen Körper.
- Ich esse selbstbestimmt.
- Ich beachte Hunger und Sättigung.
- Ich genieße intuitiv und achtsam.
- Ich fokussiere mich auf Ziel und Fortschritt.
- Ich bin ein Wohlfühl-Mensch.

2.5. Pause, bitte!

Liebe zu dir selbst zeigst du auch durch die Liebe zu deinem Körper. Es ist wirklich wichtig, eine gesunde und fürsorgliche Beziehung zu deinem Körper zu entwickeln. Wann hast du das letzte Mal so richtig in dich hineingefühlt? Wann hast du dir die Zeit genommen, dich einmal wirklich mit deinem Körper zu beschäftigen? Wann hast du das letzte Mal drauf geachtet, was dein Körper dir zu sagen hat? Dein Körper spricht indirekt mit dir. Wenn du Kopfschmerzen, Hautrötungen, Haarausfall, Bauchschmerzen oder Unreinheiten hast, sagt er dir, dass ihm etwas fehlt. Nimm wahr, was in deinem Körper passiert und höre, was dein Körper dir mitteilen will. Denn jeder Mensch hat Grundbedürfnisse wie schlafen, trinken oder essen. Leider werden diese in der heutigen Zeit viel zu oft vernachlässigt. Dabei sind sie die Basis für eine gesunde Selbstfürsorge und Lebenserhaltung.

Der Schlaf kommt oft zu kurz: frühes Aufstehen, spät zu Bett gehen und ein unregelmäßiger Schlafrhythmus. Außerdem sind viele Menschen so im Stress, dass sie das Essen vergessen oder hauptsächlich ungesundes und billiges Essen zu sich nehmen, welches ihren Körper nicht ausreichend mit Nährstoffen versorgt. Sowohl Schlafmangel als auch schlechte Ernährung machen dich schwach. Versorge deinen Körper mit allem, was er braucht: gesundes Essen, viel Flüssigkeit, ausreichend Schlaf, viel Obst und Gemüse. Du wirst nicht nur energievoller und länger leben, sondern auch das Leben und den eigenen Körper genießen können. Wer möchte das bitteschön nicht? Leider versuchen viele, die Abkürzung zu nehmen und den Körper gerade so zu pflegen, dass es ihm ausreicht, anstatt den richtigen und gesunden Weg zu gehen.

2.6. Du bist die Nummer 1!

Wir leben in einer rasanten Welt. Alles muss schnell gehen und ist schnelllebig. Was heute gilt, ist morgen schon nicht mehr. Wir rennen und rennen und wissen eigentlich gar nicht richtig, wozu und wohin überhaupt. Oft vergessen wir eins: uns selbst.

Mal ehrlich: Wieviel Zeit hast du wirklich für dich allein? Wie findest du Zeit für dich? Die Antwort ist ein Date. Plane Zeit für dich selbst ein. Das heißt, du vereinbarst einen bestimmten Termin, trägst ihn in deinen Kalender ein, wie alle anderen Termine, jedoch zur Verabredung mit dir selbst. Tagtäglich wirst du 10 bis 15 Minuten finden, um dich auf eine positive Weise mit dir selbst zu beschäftigen. Sieh es als eine Belohnung und nicht als ‚faul sein' an. Denn wir tun schon genug, was wir nicht wirklich mögen. Wieso dann nicht auch etwas, was wir mögen?

Schaffe dir Rituale, welche zu einer Gewohnheit werden. Zum Beispiel mit meiner Glücksvase kann ich mich am besten motivieren, das Beste aus mir herauszuholen. Sie erinnert mich immer daran, was für großartige Dinge in meinem Leben passiert sind und was ich schon erreicht habe. Ich schreibe jedes Mal auf einen Zettel, wenn etwas gut gelaufen ist, wenn ich einen wundervollen Tag hatte oder einfach nur glücklich war. Das mache ich ein ganzes Jahr lang. Danach ist meine Vase voll mit Zetteln voller glücklicher Momente, welche ich das ganze Jahr erlebt habe. Das fabriziere ich schon seit mehreren Jahren und am Jahresende lese ich mir alle Zettel nochmal durch und werde dadurch an mein fantastisches Jahr erinnert. Es bereichert mein Leben und gibt mir die Zuversicht, noch besser und besser werden zu können.

Viele Frauen leiden unter Zeitdruck. Du wartest, bis die Kinder groß sind. Du brauchst mehr Geld und hast keine Zeit für dich. „Mehr" Zeit kannst du nicht haben. Zeit solltest du dir nehmen. Frage dich jede Woche neu: „Wofür nehme ich mir diese Woche Zeit?" „Wie und in was investiere ich MEINE Zeit?"

Wenn du deine Prioritäten lebensdienlich definierst, kann dich niemand auf der ganzen Welt mehr unter Druck setzen. Sei dir bewusst, dass du deine Träume genau jetzt leben kannst – oder nie. Gönne dir den Luxus, streiche Termine in deinem Kalender und sage auch einmal NEIN. Sei öfter allein und genieße die Zeit mit dir. Aber sei konsequent! Nehmen wir an, du hast dir heute fest vorgenommen, Zeit für dich selbst zu nehmen – ganz allein. Du hast beispielsweise geplant, in Ruhe ein Buch zu lesen. Das ist ganz fest in deinem Kopf notiert. Aber irgendwie hat es an diesem Tag doch nicht geklappt. Warum?

Andere Dinge waren dann doch wieder wichtiger für dich: Der Geschirrspüler wollte unbedingt ausgeräumt werden – er schrie förmlich Der Kleiderschrank musste unbedingt aussortiert werden. E-Mails und WhatsApp-Nachrichten mussten beantwortet werden. Staubsaugen, wischen und putzen hatten höchste Priorität.

Um das nicht wieder vorkommt, nehme dir die Zeit und trage die Dinge, welche dir guttun, klar und deutlich in deinen Terminkalender ein. Alle Dinge, die dir Freude bringen, bei denen du dich voll aufgetankt fühlst mit Energie oder welche dich einfach entspannen lassen. Jede Frau hat ihre kleinen Dinge, auf welche sie sich gerne einlässt. Geh spazieren. Sonne ist wichtig und macht nachweislich glücklicher. Geh ins Kino oder treibe Sport. Gönne dir ab und zu Abstand von deinem hektischen Alltag und entwickele deine eigene Ich-Zeit. In dieser Zeit kannst du ganz du selbst sein, dich besser kennen und lieben lernen. Das ist deine Zeit, dein Moment – probiere es aus und lass dich einfach ganz natürlich sein, wie du bist – ohne Hemmungen und Kommentare von außen. Es fühlt sich super an!

Tipps

Für deine Ich-Zeit:

- 10 Minuten mit guter Musik vor dem Spiegel tanzen, wenn niemand zusieht.
- Jemanden anrufen, der dich liebt und dir sagt, dass du großartig bist.
- Eine Runde Meditieren, mit dem Fokus auf Dankbarkeit.
- Smartphone zu Hause lassen und eine Runde in den Wald gehen.
- Mit dem Fahrrad über Feld und Wiesen fahren.
- Spazieren gehen und auf deine Lieblingsbank setzen.
- Dein Lieblingsbuch lesen.
- Kunden-Feedback lesen und sich darüber freuen.
- Einen Film anschauen, welcher dir das Gefühl gibt, die Welt erobern zu können.
- In deine Schatzkiste schauen, in der du die Dinge sammelst, die dich stärken.

- Mache dich schlau: Surfe im Internet, verbinde dich mit Coaches und Therapeuten und lasse dich beraten.
- Triff dich mit Freunden, welche dich stärken und unterstützen.
- Mache dir eine leckere, aber gesunde Mahlzeit.
- Knüpfe neue Kontakte, gehe unter Menschen und führe inspirierende Unterhaltungen.

2.7. Dein wahres Ich

Es gibt nichts, was dein Herz und deine Seele mehr heilt, als im Laufe des Tages immer mal wieder zu lächeln. Morgens im Spiegel, auf dem Weg zur Arbeit, im Kontakt mit Mitmenschen. Lächle öfter und glaube mir: Es verlängert deine Lebenszeit. Denn es ist dein Selbstbewusstsein und die Liebe zu dir selbst, was dich so strahlend und schön aussehen lässt. Jede von uns trifft die Entscheidung – unbewusst oder sogar bewusst –, ob man den Tag positiv oder negativ leben möchte. Deine Haltung zeigt es: „Mir kann niemand etwas anhaben!" Wenn man beim Aufstehen in den Spiegel schaut und dort schon zu sich sagt: „Man, sehe ich alt aus! Ich habe hier eine Falte, dort eine andere und auch noch einen Pickel. Ach, es gibt eh nichts, über was ich mich freuen kann", dann entscheidest du dich indirekt, dass es keinen Grund mehr zur Freude gibt. Du zeigst deinem Körper keinen Respekt und gibst ihm auch keine Liebe. Denn Selbstliebe heißt, der momentanen Realität ins Auge zu blicken und sie zum ersten Mal bewusst anzunehmen, wie sie ist.

Falls du die Spiegelübung noch nicht kennst, solltest du dich damit bekannt machen. Fange an, dich morgens vor einen Spiegel zu stellen und zu sagen: „Wow, heute siehst du wieder wundervoll aus! Ich liebe dich von ganzem Herzen. Du bist ein wundervoller Mensch. Es ist wirklich klasse, dass es dich gibt. Du machst die Welt ein bisschen

schöner und heller. Ich wünsche dir einen wunderschönen Tag." Und lächle dabei! Dein innerer Zustand wird ins Positive umschlagen. Entscheidend hierbei ist auch die Überzeugung dahinter. Du musst davon überzeugt sein, was du sagst. Sprich laut und kraftvoll. Auch, wenn es sich anfangs komisch und unnatürlich anfühlt, wirst du nach einiger Zeit die Überzeugung haben, dass das, was du sagst, auch stimmt. So entdeckst du deine eigene Schönheit, die immer da war, sich aber versteckt hat.

Wenn du diese Übung drei Monate lang täglich machst, wird sie zu einem Teil deiner Routine und etwas, was sehr authentisch hervorkommt. Egal, ob du schlecht gelaunt oder krank bist, zwinge dich, das zu tun. Es wird dich immer wieder zum Lachen bringen und du entdeckst die schönen Dinge an dir, die dir keiner wegnehmen kann.

Ich stehe morgens auf und kann kaum erwarten, zum Spiegel zu laufen. Ich finde bei mir immer drei Dinge, die mir gefallen und gebe mir selbst ein paar Komplimente im Spiegel. So kümmere ich mich jeden Tag zuerst um mich selbst. Das programmiert mich positiv für den ganzen Tag und ich bekomme genug Kraft und Energie für meine Mitmenschen.

2.8. Tausende Gründe, um dankbar zu sein

Das Gefühl der Dankbarkeit ist ein echtes Powergefühl und es ist sehr leicht zu erzeugen – gleichgültig, in welcher Stimmung du gerade bist: Wenn du dir ins Bewusstsein rufst, wofür du dankbar sein kannst, wird sich deine Stimmung sofort verbessern. Dankbarkeit ist ein Schlüssel zu einem erfüllten Leben. Je öfter du dir deinen Reichtum vor Augen hältst, umso stärker sind die damit verbundenen positiven Gefühle. Wenn du dich bewusst daran erinnerst, wofür du dankbar sein kannst, macht sich ein tiefes Gefühl der Zufriedenheit und der Freude in dir breit. Höre auf, zu jammern und zu klagen und sei viel mehr dankbar! Hole häufiger Dankbarkeit in dein Leben. Dankbar kannst du für vieles sein! Mach dir bewusst, wie viele Geschenke du tagtäglich im Leben erhältst und lasse dein Leben bereichern. Denn selbst für einen einzigen Atemzug kannst du dankbar sein. Es ist deine Lebensgrundlage und das wichtigste Element in deinem Leben. Oft vergessen wir das. Wenn du immer wieder einen tiefen Atemzug nimmst und dich für diesen bedankst, wird sich dein Glück und deine Freude am Leben enorm steigern.

Eine Erkenntnis der Glücksforschung besagt, dass vor allem die Menschen glücklich sind, welche bewusst das Schöne in ihrem Leben sehen und immer wieder vor Augen führen, wofür sie dankbar sein können. Wenn du dankbar bist, spürst du inneren Frieden und Konflikte haben keine Chance.

2.9. Bist du dein eigener Freund oder Feind?

Gute Freunde helfen und unterstützen sich, bauen auf, motivieren und haben ein offenes Ohr für Sorgen und Nöte. In vielen Situationen ist das auch gar nicht so schwer. Wenn du dich selbst magst und mit dir im Reinen bist, geht das mit dem Freundlichsein ganz leicht. Du bist automatisch nett zu dir.

Wieso sind wir zu Fremden viel netter als zu uns selbst? Was ist, wenn du einen Fehler gemacht hast und von dir selbst enttäuscht bist? Dann ist es mit der Nettigkeit schnell vorbei. Du machst dir Vorwürfe, kritisierst dich selbst und magst dich gar nicht mehr. So machst du dir das Leben jedoch viel schwerer und hast im Endeffekt gar nichts davon. Du fühlst dich noch mehr am Boden zerstört. Was eine gesunde Selbstliebe angeht, ist der innere Kritiker wohl der übelste Feind. Deshalb musst du verstehen, dass der ständige innere Kritiker dein Leben nicht schöner macht. Versuche, ihn loszuwerden. Weigere dich, dich selbst zu kritisieren oder klein zu machen. Und wenn es doch passiert, lass es los. Anstatt dich auf deine eigene Kritik zu konzentrieren, lass es los und mache etwas, was sich gut für dich anfühlt. Schließlich ist die wichtigste Beziehung im Leben die Beziehung mit sich selbst, weil du dein bester Freund bist. Aus diesem Grund überlege dir Folgendes: Kritisierst du ständig deinen besten Freund? Unterstützt du ihn? Bist du in schweren Zeiten für deinen Freund da? Schließe Freundschaft mit dir selbst und pflege sie. Sei dein bester Freund – nicht dein schlimmster Feind.

2.10. Eine positive Einstellung zu sich selbst erschaffen

Kennst du die Situation, wenn jemand zu dir sagt: „Deine Kette sieht wundervoll aus" oder „Das hast du gut gemacht" oder „Du siehst heute klasse aus?" Was kommt dir zuerst in den Kopf? „Nein, das stimmt nicht. Was redet er für einen Quatsch!" Und dann erwiderst du: „Ach was, ich sah schon mal besser aus" oder „Danke, aber du siehst viel besser aus!"

Selten sagen wir einfach nur „Dankeschön". Wir brauchen immer eine Rechtfertigung, warum wir gut aussehen. Das lernen wir in unserer Familie und in unserem Umfeld, weil wir glauben, dass es unangemessen ist, ein Kompliment einfach anzunehmen und die Gründe dafür sind sehr vielfältig. Zum einen glaubst du vielleicht, kein Lob verdient zu haben. Du kannst es dir nicht vorstellen, dass es etwas Lobenswertes an dir gibt. Du glaubst nicht an dich selbst oder findest dich nie gut genug. Viele glauben, es sei Schleimerei oder dass sie zu einer Gegenleistung verpflichtet sind.

Ganz viele Menschen mögen nicht im Mittelpunkt stehen und möchten nicht arrogant wirken, wenn sie das Kompliment annehmen. Jeder reagiert anders auf Komplimente, aber das Ergebnis ist immer dasselbe: Man wird sich nicht bewusst, wie viel Großartiges in einem selbst steckt. Vielen von uns fällt es schwer, Komplimente zu vergeben, anderen fällt es schwer, sie anzunehmen. Dabei sind Komplimente ein „soziales Verhalten". Denn wir leben in einer hektischen Zeit und alle versuchen, es „jedem recht zu machen", was natürlich nicht möglich ist. Manchmal sollte man einfach darauf achten, was dem anderen gut gelungen ist und sich dann mit ihm zusammen darüber freuen.

Natürlich ist dies nicht nur die Möglichkeit, andere mit seinen Komplimenten glücklich zu machen. Durch das Loben kann man auch seine eigene Position verbessern. Viele sagen, dass es „geschleimt" sei, wenn man beispielsweise seinem Chef einen Kaffee mitbringt oder auch einfach fragt, wie es ihm geht. Ich empfinde es gar nicht als Schleimen. Was gibt es für eine andere Möglichkeit, seinem Vorgesetzten zu zeigen, dass man sich gut versteht? Man ist schlussendlich davon abhängig, sich mit den anderen Menschen zurechtzufinden.

Jeder weiß, wie gut es tut, von anderen gelobt zu werden. Ein dickes Lob lässt den Tag heller erscheinen und wir trauen uns mehr zu. Also, warum lobst du dich nicht häufiger, wenn du weißt, wie gut dir ein Lob tut? Hast du zu viele Erwartungen an dich selbst? Verbindest du Eigenlob mit Überheblichkeit und Arroganz? Dies sind die Gründe, warum es dir schwerfällt, dich selbst zu loben. Wenn du so gut in Eigenkritik bist, dann sei genauso gut in Eigenlob! Wollen wir uns fair behandeln, müssen wir ein Gleichgewicht herstellen.

Achte jeden Tag auf Komplimente, die du von anderen bekommst. Schenke als Antwort ein schönes Lächeln und sage einfach nur „Danke!" Lass dieses Kompliment auf dich wirken, denn du hast es verdient.

Diese Komplimente kannst du dir selbst und auch anderen des Öfteren sagen:
Du bist wunderschön! Du bist bezaubernd!
Du hast das toll gemacht! Du bist spitze!
Dein Outfit steht dir echt gut! Du bist eine tolle Freundin!
Dein Lächeln ist bezaubernd! Du bist der absolute Hammer!
Du hast eine tolle Ausstrahlung! Du bist einfach fantastisch!
Schön, dass es dich gibt! Du siehst großartig aus!
Du hast so viel geschafft! Du bist einzigartig!
Deine Schuhe sind schick! Du schaffst das!

Erinnere dich zurück: Was hast du in der Vergangenheit bewältigt, worauf du heute stolz sein kannst? Lobe dich dafür und wenn dir etwas gelingt, klopfe dir selbst auf die Schulter. Feiere dich! Jeder kleine Erfolg muss gefeiert werden und mit etwas Übung findest du immer wieder etwas, was du gut gemacht hast und lobenswert ist. Sage zu dir: „Das ist mir gut gelungen. Das habe ich gut gemacht." Lobe dich auch für kleinste Fortschritte, deinen Geburtstag und einen erfolgreichen Tag. Das Leben ist viel zu kurz, um nicht gefeiert zu werden.

Nimm dich selbst als die wichtigste Person in deinem Leben wahr. Und wenn dir etwas in deinem Leben nicht passt, kannst nur du etwas daran ändern. Sage dir regelmäßig, wie schön, liebenswert, einzigartig, klug und großartig du bist. Nimm dir jeden Tag Zeit dafür. Sei dir jeden Tag bewusst, was du heute gut gemacht hast und lobe dich. Du brauchst nicht darauf zu warten, bis es irgendjemandem auffällt, was du leistest.

Wunderformel für deine Schönheit

Wünschen und Bedürfnissen
viel Aufmerksamkeit schenken

Gesundheit auf die höchste
Prioritätsstufe stellen

Auf die Intuition hören

Schritt für Schritt
eigene Ziele im Leben verfolgen

Auszeit nehmen mit Dingen,
die dich glücklich machen

Zufriedenheit, Ausgeglichenheit, Schönheit

Mein Fazit für dich

Es wird von großer Bedeutung für dich sein, die Schritte deiner Veränderung jederzeit nachvollziehen zu können. Wenn du das noch nicht gemacht hast, notiere alle deine markanten Veränderungen, welche du durchlaufen hast – ob in deiner Psychologie (mental) oder Physiologie (körperlich). Vielleicht gab es Einiges in dein Leben zu integrieren, Neues und Situationen, welche auch nicht einfach waren. Es gibt immer Aufs und Abs, doch die Veränderung lohnt sich und verbessert deine Lebensqualität um ein hundertfaches. Überlege deshalb, welche einfache Aktion du heute anstoßen kannst, um ein neues und höheres Momentum für mehr Erfolg und mehr Glück in deinem Leben zu produzieren. Wie Tony Robbins sagt: „Es ist nicht das, was wir manchmal tun, was unser Leben verändert, sondern das, was wir beständig immer wieder tun."

Schlüssel 3
Balance im Alltag finden

Es geht nicht um die großen Dinge,
die Du selber machst,
sondern um die kleinen Dingen,
die Du täglich bewältigst.

3.1. Leben ohne Stress

Ich habe eine gute Nachricht für dich: Du musst nicht immer etwas tun und kannst auch einfach nur „sein". Schließlich brauchst du solche Pausen, um dich mehr mit deinen Werten zu befassen, über die Richtung nachzudenken, welche du einschlagen möchtest oder einfach mal nichts Bestimmtes zu denken. Dabei solltest du immer wieder innehalten, um nicht vom Strom des Dringlichen mitgerissen zu werden. Das Dringliche hat die Neigung, so „laut" zu erscheinen, dass es wichtig wirkt. Aber in ruhigen Momenten kannst du differenzieren und dich auf die Richtung besinnen, die du als wichtig erkennen kannst. So kannst du wieder Wichtiges von Pseudo-Wichtigem unterscheiden. Außerdem brauchst du solche Pausen, um dich mehr auf die Menschen zu besinnen, die uns wichtig sind. Nichts kann die Zaubermomente ersetzen, die du mit diesen Menschen zusammen erlebst. Nichts kann unser Leben auch nur annähernd so sehr bereichern, wie die Pausen, die wir einlegen.

3.2. Ausreichend schlafen

Schlaf ist einer der wichtigsten Geheimwaffen, um Körper, Seele und Gehirn mit Lebenskraft und Klarheit zu versorgen. Der Körper benötigt Schlaf für die optimale Regeneration, denn schließlich laufen über Nacht die entscheidenden Reparatur- und Aufbau-Prozesse des Körpers ab. Außerdem regeneriert und verjüngt sich die Haut über Nacht – und wenn sie dafür nicht genügend Zeit bekommt, kann sie diesen Job nicht vollständig ausführen.

Bist du eher Frühaufsteher, welcher am Abend schon um 21 oder 22 Uhr ins Bett geht und morgens früh voller Energie aufsteht? Oder bist du eine Nachteule, die morgens gerne schläft und spät bis Mitternacht voller Energie ist? Wie fühlst du dich nach dem Aufstehen? Konntest du durchschlafen? Durch das Beobachten des eigenen Schlafs, kannst du mögliche Probleme schneller erkennen und an Lösungen arbeiten. Nur, wenn du deine Probleme kennst, findest du Lösungen für gesunde Nachtruhe. Welche Maßnahme den gesündesten Schlaf für dich bringt, entscheiden deine persönlichen Bedürfnisse. Es ist nicht nur wichtig, wo und wie lange, sondern auch wie tief und gesund du schläfst.

Tipps

- Es ist empfehlenswert, drei Stunden vor dem Schlaf nichts mehr zu essen, da der Körper sonst seine ganze Energie anwenden muss, um nachts dieses Essen zu verdauen. Geben wir dem Körper die Zeit zwischen Verdauung und Schlaf nicht, ist er überfordert, der Schlaf ist schlechter und wir nehmen ein paar Kilos zu.
- Kurz vor der Schlafenzeit ist es besser, Arbeiten am Computer oder Surfen am Smartphone zu vermeiden, da aufgrund des blauen Lichts vom Bildschirm dein Bio-Rhythmus gestört wird. Aufgrund

dieses Lichts denkt dein Körper, dass es Tag ist und kann sich nicht richtig zur Ruhe legen.
- Eine kurze Meditation, ein gutes Buch oder Liebe mit dem Partner oder der Partnerin, sind die besten Einschlafhilfen.
- Ein Beruhigungstee, wie zum Beispiel Kamillentee, hilft einzuschlafen.
- Der Geheimtipp für gesünderen Schlaf ist ganz einfach und erfordert nur wenige Minuten pro Tag: ein Schlaftagebuch. Nimm dir am besten nach dem Aufwachen etwas Zeit und schreibe die Schlafdauer und Schlafqualität nieder.
- Führe die nächsten zwei Wochen ein Schlaftagebuch, um mehr über deine Gewohnheiten zu lernen.
- Verwende dein Bett nur zum Schlafen und nicht zum Fernsehschauen, Essen, Internet surfen oder für andere Aktivitäten. So stellt sich dein Körper darauf ein, dass dieser Ort nur zum Schlafen gedacht ist und kann schneller und einfacher einschlafen.

- Erkläre dir den Schlaf zu deiner Priorität und nimm dir für mindestens eine Woche lang vor, pünktlich zu Bett zu gehen.
- Starte dein ganz persönliches Schlafritual vor dem Schlafengehen.
- Sorge für das passende Umfeld. Dein Schlafzimmer sollte ausreichend dunkel, leise und kühl sein, um den Schlaf zu unterstützen.
- Prüfe die Qualität deines Kissens und der Matratze sowie die Ausrichtung des Bettes.

3.3. Dein perfekter Start in den Tag

Wie bringe ich alles in meinem Leben zusammen unter einen Hut? Seitdem ich das Buch „Miracle Morning" von Hal Elrod und David Osborn gelesen habe, benutze ich täglich diese Methode, um meinen Tag in Schwung zu bringen und mich persönlich zu entwickeln. Wusstest du, dass die meisten erfolgreichen und reichen Menschen eine Stunde früher aufstehen als alle andere? Die Qualität des Lebens ist davon abhängig, wie du morgens aufstehst. Ich empfinde diese eine Stunde morgens als die beste Investition in mich selbst. Das bedeutet, dass ich mich, meine Wünsche, Pläne und Bedürfnisse in meinem Leben wichtig finde. Ich schenke diese Zeit nur mir selbst und meiner persönlichen Weiterentwicklung. Dabei habe ich auch die Zeit für mich gefunden sowie mein Buchprojekt umzusetzen. Jetzt stehe ich jeden Tag eine Stunde früher auf als sonst – momentan um 6:00 Uhr, anstatt um 7:00 Uhr. Denn ich weiß, dass wenn ich die Kontrolle über meinen Morgen übernehme, ich damit auch die Kontrolle über den ganzen Tag habe. Ich erledige meine Aufgaben an diesem Tag schneller und vieles, was ich mir vornehme, funktioniert einfach. Ich bin produktiver im Laufe des Tages, habe mehr Energie, bessere Laune, höhere Belastbarkeit und höheres Einkommen. Nach dieser Stunde fühle ich mich hervorragend, um dem kommenden Tag zu begegnen und bin stolz darauf, dass ich in meinen persönlichen Projekten vorankomme. Ich schaffe im Laufe des Tages eine Menge mehr Aufgaben als sonst. Diese fallen mir viel leichter, ich habe mehr Durchhaltevermögen und bin besser gegen Erschöpfung, Frustration und Schwierigkeiten gewappnet. Deswegen würde ich dir empfehlen, diese Methode selbst auszuprobieren, denn das Beste an dem Ganzen ist, dass du die Fähigkeit, ein Morgenmensch zu sein, erlernen kannst.

Die Vorbereitung darauf, morgens früh aufzustehen

Jeder von uns weiß, wie schwierig es ist, morgens früh aufzustehen. Wenn du keine richtige Motivation dafür hast, findest du immer eine Rechtfertigung, warum du weiterschlafen solltest. Finde deine Motivation selbst heraus. Wovon träumst du schon lange, wofür du keine Zeit hast? Was möchtest du in dieser Stunde für dich persönlich erledigen? Stelle dir dieses Ziel klar vor Augen. Schreibe es am besten auf und hänge es sichtbar auf, wo immer du möchtest.

Wenn der Grund klar ist, warum du aufstehen willst, kannst du gleich am Abend mit einer kleinen Vorbereitung anfangen: Lasse abends die Rollläden ein wenig offen. So kann das Morgenlicht bei dir die Ausschüttung des „Wachhormons" Serotonin ankurbeln und das „Schlafhormon" Melatonin unterdrücken. Außerdem stelle ich den Wecker mindestens drei Meter weit weg vom Bett, sodass ich sofort aufstehen muss, um ihn auszuschalten. Dieser Punkt hat mir an meisten geholfen. Ich platziere den Wecker so weit wie möglich weg von meinem Bett. Wenn das nicht funktioniert, kannst du eine Wecker App wie „Alarmy" herunterladen. In dieser App schaltet sich der Wecker nur ab, wenn du ein Bild von einem bestimmten Gegenstand fotografierst, ein paar Squads machst oder eine Matheaufgabe löst. So wirst du jeden Morgen dazu aufgefordert, aufzustehen, dich zu bewegen und dein Gehirn anzukurbeln. Wenn du dann schon im Badezimmer oder in der Küche stehst, siehst du, dass dir das Aufstehen viel leichter fällt.

- Der Schlüssel zu früherem Aufstehen ist es, zu verstehen, dass der erste Gedanke am Morgen meistens derselbe ist, wie der letzte vor dem Einschlafen. Deswegen ist es wichtig, jeden Abend vor dem Einschlafen bewusst zu entscheiden, aktiv und aufmerksam eine positive Erwartung für den nächsten Tag zu erschaffen. Sofern ist es wichtig, dir vor dem Schlaf folgende Affirmationen zu sagen oder laut vorzulesen:
„Ich schließe meine Augen und wache am nächsten Morgen erfrischt und revitalisiert auf."

„Ich stehe auf, sobald mein Wecker klingelt und ich mich frisch und wachsam fühle."

„Alles was ich mir für morgen vorgenommen habe, wird klappen, daran glaube ich ganz fest."

- Wenn du aufgewacht bist, strecke dich erst einmal ausgiebig, setze dich auf die Bettkante und atme drei Mal tief ein und aus. Das ist der wichtigste Punkt, um nicht wieder einzuschlafen, nachdem der Wecker geklingelt hat. Anschließend führe eine Übung durch. Diese Übung ist eine meiner Lieblingsübungen, welche ich jeden Morgen mache und heißt „Aufwachen mit Selbstliebe". Sie funktioniert so: Direkt nach dem du aufwachst, bleibst du noch ein bisschen mit geschlossenen Augen liegen, legst deine Hände auf dein Herz und sagst dir selbst: „Ich freue mich, dass es meinem Körper gut geht. Ich bin dankbar, dass ich gesund bin. Ich freue mich auf den kommenden Tag." Du kannst diesen Satz für dich natürlich so umändern, dass es dir passt und du dich dabei gut fühlst. Der Effekt ist der, dass du dich morgens direkt viel besser fühlst. Probiere das gleich morgen früh unbedingt aus!
- Gehe sofort ins Bad und putze dann die Zähne. Das macht dich erst richtig wach.

- Trinke ein Glas Wasser auf nüchternen Magen. Das füllt deinen Wasserspeicher auf, kurbelt die Verdauung an und gibt Energie. Das Ziel ist, dass du dir die Flüssigkeit zurückholst, die du im Schlaf verloren hast. Ab diesem Punkt ist es einfacher, wach zu bleiben als schlafen zu gehen.
- Dusche dich mit lauwarmem Wasser, da es die Durchblutung anregt. Ein Duschgel mit Limette oder Minze erfrischt und hebt die Laune an.
- Beginne den Tag mit einer kleinen Morgen-Mediation für mehr Konzentration und Klarheit, um deine Ziele zu visualisieren. Um den Körper fit zu halten, kannst du den Morgen mit Gymnastik beginnen. Ich zum Beispiel ziehe immer nach dem Aufstehen Sportkleidung an und mache 15 Minuten lang Morgengymnastik – Übungen, um den Körper zu dehnen, Bauchübungen und etwas für den Rücken.
- Danach arbeitest du an einem deiner persönlichen Ziele und Projekten. Ich setze mich gerne an meinen Schreibtisch und arbeite an einem meiner Projekte, wie zum Beispiel dieses Buch. Damit beschäftige ich mich ungefähr 30 Minuten lang. Auch du kannst so lange an deinem Projekt, oder was immer du vorhast, arbeiten.
- Anschließend nehme dir Zeit für ein gesundes Power-Frühstück, z. B. Müsli mit Früchten und Nüssen oder ein Vollkornbrot mit Avocados und Cherry-Tomaten.

Dein Morgen zusammengefasst, um deine Ziele voranzubringen:

- 10 Minuten brauchst du zum Aufstehen, Zähneputzen und Anziehen.
- 20 Minuten investierst du in deine Morgengymnastik oder eine andere deiner Lieblingsaktivitäten.
- 30 Minuten nimmst du dir für eine Aufgabe, welche dich persönlich voranbringt.

3.4. Sich durch sportliche Aktivitäten glücklich fühlen

Es gibt so viele gute Gründe, um regelmäßig Sport zu machen! Mit ausreichender Bewegung verbessert sich die Durchblutung, die Haut atmet besser und bekommt eine rosige, frische Farbe. Außerdem sorgt die Durchblutung für einen besseren Abtransport abgestorbener Hautzellen sowie freier Radikale. Die Haut bekommt viel mehr Sauerstoff, was verbessertes Zellwachstum bedeutet. Du wirkst einfach schöner und gesünder, wenn du regelmäßig Sport treibst. Außerdem setzt Sport viele Glückshormone frei. Danach hast du gute Laune und bist glücklicher. Schwimmen, Fitness, Joggen, Tanzen (auch zu Hause) und Spaziergänge machen dich gesund und schön. Besonders gut sind Outdoor-Sportarten, denn frische Luft macht dich wach und fit. Außerdem macht dich viel Bewegung klüger. Es ist wissenschaftlich bewiesen, dass es einen direkten Zusammenhang zwischen Bewegung und geistigen Fähigkeiten gibt. Schon 10 bis 20 Minuten Bewegung pro Tag verbessern deine Gesundheit, dein Selbstvertrauen und deine

emotionale Balance. Bewegung hilft dir dabei, klarer zu denken und dich länger konzentrieren zu können. Außerdem reicht es aus, dich ein wenig mehr als sonst zu bewegen und vor allem dann, wenn du bisher gar nichts gemacht hast. Wähle für dich die passende Aktivität aus und trage es in deinen Terminkalender ein. So steigerst du enrom dein Wohlbefinden.

Schwimmen und Sauna
Beim Schwimmen beanspruchst du sämtliche Muskelgruppen gleichmäßig. So baust du die eine starke Muskulatur auf und wirst mit einem straffen Körper belohnt. Schwimmen baut Stress ab, trainiert deine Kraft und Ausdauer. Saunieren macht unser Immunsystem fit, kurbelt unseren Stoffwechsel und unsere Entschlackungsprozesse an, verbessert die Durchblutung und sorgt als Bonus für schöne und sanfte Haut. Der Schweiß, der beim Schwitzen entsteht, öffnet die Hautporen und hilft, Hautunreinheiten zu lösen sowie die Haut schneller heilen zu lassen. Ein Saunagang kann außerdem die Stimmung verbessern, Kopfschmerzen lindern und einen besseren Schlaf bereiten.

Spazieren

Regelmäßige Spaziergänge oder Wandern sind gut für die allgemeine Durchblutung und somit auch für einen gesunden Teint. Danach bist du glücklicher, entspannter und kannst dich besser konzentrieren. Bei Waldspaziergängen nimmst du die Umgebung aufmerksamer wahr. Das reduziert Stress und beugt Depressionen vor.

Tanzen

Ich würde dir auf jeden Fall raten, zu tanzen. Ich gehe regelmäßig Zumba tanzen und es macht riesigen Spaß. Tanzen löst Verspannungen, hilft bei Rückenschmerzen, verbessert die Durchblutung, die Haut atmet besser und wird intensiv mit Sauerstoff versorgt. Außerdem hilft Tanzen beim Stressabbau und macht supergute Laune. Du tanzt lieber allein zuhause, anstatt mit anderen? Schalte dir dazu einfach ein Zumba Video auf YouTube an und lass die Hüften schwingen!

Jogging

Joggen ist das beste Mittel gegen Hautalterung. Der verbesserte Blutfluss, welchen man durch regelmäßiges Joggen bekommt, hilft die Hautzellen zu regenerieren. Die Haut wird intensiv mit Sauerstoff und Nährstoffen versorgt, die wiederum die Produktion von Kollagen erhöhen und uns jünger machen. Außerdem kannst du joggen ganz einfach in deinen Alltag integrieren. Du brauchst nur den Sportanzug anzuziehen und langsam loszulaufen. Es können auch nur 15 Minuten leichtes Joggen mit Pausen sein. Versuche, dich nicht direkt zu überfordern, denn starker Muskelkater und Erschöpfung machen das Erlebnis unattraktiv.

Fitness

Fitness kann helfen, dich wohler zu fühlen und es gibt immer mehr wissenschaftliche Belege dafür, dass Bewegung Menschen länger jung aussehen lässt. Wenn wir Sport treiben, wird die Blut- und Sauerstoffzirkulation in unserem Körper angeregt. Alle Zellen, auch die Hautzellen, profitieren davon, weil sie dadurch mit mehr Nährstoffen versorgt werden. Die Zellerneuerung wird angeregt und auch Giftstoffe können schneller aus dem Körper abtransportiert werden. Ausserdem wird die Kollagenzufuhr erhöht. Trainierte Muskeln straffen zudem die Haut von Innen und sorgen so für ein schöneres Hautbild. Wichtig ist ein regelmäßiges Training, beispielsweise 30 Minuten Aerobic am Tag. Beim Training im Freien solltest du allerdings auf ausreichenden Sonnenschutz achten.

3.5. Meditation

Die Menschen suchen Plätze, an denen sie sich zurückziehen können – auf dem Land, an der Küste des Meeres und in den Bergen. Aber manche wissen gar nicht, dass es einen Ort gibt, wo sie sich immer und jederzeit zurückziehen und vollkommende Erleichterung und innere Harmonie finden können. Dieser Ort ist die eigene Seele. Finde Harmonie in deinem Herzen und in deinen Gedanken und gönne dir immer wieder einen Rückzug mit Hilfe von Meditation.

Warum ist es wichtig, regelmäßig zu meditieren?

Die Menschen suchen Plätze, an denen sie sich zurückziehen können – auf dem Land, an der Küste des Meeres und in den Bergen. Aber manche wissen gar nicht, dass es einen Ort gibt, wo sie sich immer und jederzeit zurückziehen und vollkommende Erleichterung und innere Harmonie finden können. Dieser Ort ist die eigene Seele. Finde Harmonie in deinem Herzen und deinen Gedanken und gönne dir immer wieder einen Rückzug mit Hilfe von Meditation.

Die meisten Menschen wachen in der Früh auf und sind sofort gestresst. Selbst ein schlechter Gedanke in ihrem Kopf kann ihren gesamten Tag negativ beeinflussen. Mit Meditation ist es möglich, diese negativen Einstellungen zu ändern. Denn Meditation ist eine Begegnung mit deiner Seele. Unsere Gefühle und Gedanken bestimmen unser Schicksal. Wenn wir uns nicht darüber bewusst sind, was wir fühlen und was wir denken, überlassen wir unser Schicksal dem Zufall. Außerdem kann Meditation zu einem bis zu 200 %igen Kreativitätsanstieg, einem Lernschub von 490 % und einer Produktivitätssteigerung von 500 % führen. Deshalb solltest du lernen, deinen Körper besser zu fühlen und anfangen zu meditieren.

Wenn du jeden Tag eine 10-minütige Meditation durchführst, hast du sofort mehr Energie, fühlst dich gesünder und verspürst mehr Dankbarkeit für dein Leben. Du tankst neue Kräfte, welche dich auf positive Gedanken bringen und ziehst Ruhe, Gelassenheit und Entspannung zu dir. So kann dich nichts mehr aus der Bahn werfen.

Wir suchen oft nach dem großen Glück. Mit Meditation kannst du spüren, dass das Glück bereits in dir wohnt! Wenn du gestresst und unter Druck bist, geh nach innen, schließe die Augen, atme tief ein und aus. Somit kannst du deine innere Mitte finden und sofort zur Ruhe kommen.

Wenn wir uns körperlich benehmen, als seien wir lebendig, glücklich und klar ausgerichtet, werden wir uns auch so fühlen. Die Emotion kommt durch die Bewegung. Es gibt Apps, um regelmäßig zu meditieren: headspace, calm, insight timer und viele andere. Schaue sie unbedingt an!

Achte auf diese Faktoren:

- Der Geist hat eine enorme Macht über den Körper – diese zwei sollten nicht getrennt betrachtet werden.
- Wut und Ärger sind Gift für unseren Körper.
- Stress ist das Ergebnis der Interpretation und Verbindung bestimmter Situationen.
- Angst und Stress gefährden dein Immunsystem.
- Stress verschwindet in einem Zustand der Sicherheit – es ist wichtig, stärkende Glaubenssätze zu entwickeln, die dich wissen lassen, dass es immer einen Ausweg aus deinen Problemen gibt.

3.6. Musik

Unser Alltag ist voller Geräusche. Leider sind viele davon laut, unangenehm und verursachen Stress. Deshalb ist es so wichtig, unseren Hörsinn immer wieder bewusst auf die leisen, schönen Töne in unserem Leben zu richten sowie auf die Gefühle und Stimmungen zu achten, welche sie in uns wecken. Finde heraus, welche Musik deine Stimmung hebt, schöne Erinnerungen in dir weckt, welche Songs dir Energie verleihen und bei welchen Liedern du dich am besten entspannen kannst. Anschließend lege dir eine persönliche Playlist für jede Stimmungslage zu, um auch an schwierigen Tagen einen Stupser zum Lächeln zu bekommen. Achte darauf, wie dich bestimme Musik fühlen lässt und höre dir immer wieder Lieder an, welche deine Stimmung um ein Vielfaches anheben.

3.7. Yoga

Yogaübungen können zu einer strafferen Haut führen, denn sie sorgen für eine bessere Durchblutung der Gesichtshaut und regen dadurch die Hauterneuerung an. Zudem werden beim Schwitzen Giftstoffe ausgeschieden. Aus müder wird eine rosige Haut.

Stress weglächeln – Lachyoga

Lachen ist sehr wichtig – für jeden. Erinnerst du dich, wie du dich gefühlt hast, als du das letzte Mal einen Lachflash hattest? Du konntest nicht mehr aufhören zu lachen und hast dich so gut gefühlt. Jede kleine Bemerkung und jeder Blick führte zu einem neuen Lachausbruch. Du hast dich vor Lachen auf dem Boden gewälzt. Es war anstrengend und gleichzeitig herrlich, befreiend und glückselig. Und danach hast du dich stundenlang, vielleicht sogar tagelang, einfach nur gut gefühlt.

Weshalb ist Lachen gut? Wenn du lachst, kommt es zu einer verstärkten Ausschüttung bzw. Freisetzung von Glückshormonen und Endorphinen im Gehirn. Diese führen dazu, dass wir aufmerksamer werden und uns glücklicher, entspannter sowie gelöster fühlen. Schmerzen werden somit gemindert, Hemmungen werden geringer, unsere Kreativität gewinnt mehr Raum und die Stresshormone nehmen ab. Unser Kopf wird somit frei und du strahlst vor Glück und Freude. Diese Aktivität, genauso wie alle anderen, welche du für dein Glück machst, trage unbedingt in deinen Terminkalender ein. Es ist wirklich wichtig, sich bewusst Zeit zu nehmen, um solche Aktivitäten durchzuführen, denn ohne sie wird dein Leben langweilig und deprimierend. Wann immer du dich gestresst fühlst, lächle – selbst, wenn dir gerade gar nicht danach ist. Am besten funktioniert das, wenn du dich bequem hinsetzt, die Augen schließt und dabei an etwas Schönes denkst. Denke an etwas Schönes aus deiner Kindheit oder an das erste Mal, als du dein Kind gehalten hast, an große Erfolge, lustige Ereignisse oder einfach nur an das, was dich glücklich macht. Je öfter, desto besser. Du wirst spüren, wie positiv sich das auf deine Laune auswirkt. Die Fröhlichkeit wirkt nicht nur gegen Stress, sie stärkt auch sofort dein Immunsystem.

Es gibt auch eine andere, wunderbare Möglichkeit, deine gute Laune zu steigern und deine Gesundheit sowie Ausstrahlung zu verbessern und sie heißt Lachyoga. Lachyoga ist eine einzigartige Methode, mit der es jedem gelingt, mehr zu lachen. Dabei spielt es keine Rolle, ob man traurig, schlecht gelaunt, verärgert oder deprimiert ist oder sich neutral fühlt. Beim Lachyoga beginnt man mit einem absichtlich gewollten Lachen. Dieses wird durch verspielte, zum Teil sehr lustige Übungen stimuliert. Sehr bekannte Übungen sind zum Beispiel das Begrüßungslachen: Man schüttelt einander die Hand, schaut sich dabei in die Augen und lacht dazu. Einfach so. Oder das scheue Lachen: Man versteckt sein Gesicht hinter den Händen, schaut schüchtern hervor – am besten in die Augen eines Gegenübers – und lacht dazu. Einfach so.

Probiere Lachyoga auf jeden Fall aus, wenn:

- du so traurig bist, dass du gar nicht mehr weißt, wie du lachen sollst.
- du so unter Stress und Anspannung stehst, dass du für so etwas Unwichtiges, wie lachen, gar keine Zeit und Energie mehr hast.
- du als ernsthafter Mensch glaubst, dass viel lachen dich lächerlich erscheinen lässt.

Schlüssel 4
Äußere Schönheit beeinflussen

Alles was Du in Deinem Alltag vollbringst,
spiegelt sich auf Deiner Haut wieder.

4.1. Was beeinflusst deine Haut?

Ich möchte dir ein Geheimnis verraten. So, wie deine Haut jetzt, in diesem Moment aussieht, ist das Ergebnis von dem, was du täglich tust: was du isst, was du trinkst, was du täglich treibst, ob du viel Stress hast, wie lange und wie gut du schläfst. Denn alles, was du in deinem Alltag vollbringst, spiegelt sich auf deiner Haut wider. Je nachdem, wie alt du bist und ob du schon im jungen Alter angefangen hast, deine Haut richtig zu pflegen, hast du dementsprechend mehr oder weniger Falten sowie schöne oder unschöne Haut.

Ursachen für Hautprobleme

Viele Frauen leiden zurzeit enorm unter Hautproblemen. Was ist dafür die Ursache? Die Haut ist das größte und auch sensibelste Organ unseres Körpers. Wenn wir verschiedene Emotionen verspüren, bekommen wir eine Art Schauer, welches sich in unserem Gesicht durch Pickel, Rötungen oder Hautirritationen widerspiegelt. Man leidet wiederum auch seelisch und psychisch darunter. Mit der richtigen Pflege, jedoch ohne Beseitigung von inneren Problemen, welche Unreinheiten auslösen, wirst du vielleicht eine kurzfristige Erleichterung erfahren. Jedoch werden die Unreinheiten immer wieder zurückkehren, solange du deine inneren Ursachen nicht behoben hast.

Was sind Unreinheiten?

Unreinheiten sind das, was niemand braucht und jeder mindestens einmal in seinem Leben auf der Gesichtshaut hatte. Auslöser dafür sind die Talgdrüsen. Wenn diese schneller Hautfett produzieren, als über den Haarkanal abfließen kann, gibt es einen Stau. Wenn der Ausgang erst einmal dicht ist, füllt sich der verschlossene Bereich mit Talg und Hautbakterien und ein Komedon entsteht. Jedoch kannst du mit der passenden Hautpflege, Ernährung und Sport auf die Talgproduktion einwirken.

Was sind die Ursachen von unreiner Haut?

In den meisten Fällen lässt sich die vermehrte Talgproduktion auf ein Zusammenspiel hormoneller und erblicher Einflüsse sowie auf äußere Faktoren zurückführen. Dachtest du, dass Unreinheiten nur in der Pubertät vorkommen? Das stimmt nicht. Manche Frauen haben mit 30, 40 oder 50 Jahren unreine Haut. Die Gründe dafür sind:

- **Gene und Hormone**
Viele Frauen, welche in die Wechseljahre, in den Zyklus oder in die Schwangerschaft kommen, haben Hautprobleme aufgrund ihrer Hormonschwankungen: Trockenheit, Ausschläge, erhöhte Empfindlichkeit und eben auch Pickel. Wenn männliche Hormone, welche sowohl Männer als auch Frauen haben, ansteigen, sind Unreinheiten vorprogrammiert. Diese Frauen haben ursprünglich nie Probleme mit unreiner Haut gehabt. Nach Beendigung der Einnahme der Antibabypille sprießen plötzlich scharenweise Pickel. Der Grund dafür ist, dass sich der Körper an die starken synthetischen Hormone der Pille gewöhnt hat und seinen eigenen Rhythmus erst einmal wiederfinden muss. Das führt zu starken hormonellen Schwankungen und unschönen Entzündungen der Haut. Außerdem gibt es einen Unterschied zwischen Unreinheiten in der Pubertät und im Erwachsenenalter.

Wenn Talg und abgestorbene Hautzellen eine Pore verstopfen und Bakterien hinzukommen, entstehen Pickel. Einige sind klein und liegen nahe der Hautoberfläche. Diese nennt man Mitesser, sie verschwinden meistens schnell wieder. Andere liegen tiefer unter der Haut, sind schmerzhafter und brauchen länger, bis sie wieder verschwinden, wie z.B. Zysten und Knötchen.

Es gibt einen großen Faktoren, der Unreinheiten in der Pubertät und im Erwachsenenalter verursacht: Der Faktor ist die Genetik. Wenn deine Eltern im jungen Alter unreine Haut hatten, dann ist es sehr wahrscheinlich, dass auch du während der Pubertät viele Pickel bekommst. Die Genetik ist lediglich die individuelle Veranlagung des Körpers in einer bestimmten Weise zu handeln oder zu reagieren. Und dies auf eine einzigartige Weise, wie er es „mit auf den Weg" bekommen hat. Dazu zählt die Überempfindlichkeit der Talgdrüsen, die schon auf kleinste Anstiege des Androgen-Spiegels reagieren. Es ist die fehlende Verbindung, die den eigentlichen Unterschied ausmacht – eine mögliche Erklärung, weshalb zwei Menschen das gleiche Essen essen und nur einer an Akne leidet.

Nur die Kombination von mehreren Faktoren kann zum Ausbruch führen. Es gibt aber auch gute Neuigkeiten: Glücklicherweise können diese Faktoren durch geeignete Maßnahmen therapiert werden, um die Ursache an der Wurzel zu packen.

Der zweite Faktor sind die Hormone. Wenn der Körper alle Werkzeuge erhält, welche er für ein gesundes Hormon-System benötigt, dann wird er die Hormone selbst regulieren.

- **Stress und seelische Belastungen**
Kommt der Stress, kommen die Pickel. Stress zeigt sich auf unserer Haut in einem Zusammenspiel aus vielen verschiedenen Dingen. Wenn du viel Stress hast, musst du mit einer Überproduktion von Talg rechnen. Im aufgestauten Talg vermehren sich leicht Bakterien – die typische Entzündung der Akne entsteht. Die Haut juckt, neigt zu Rötungen und kann sogar Akne-Symptome, wie Stresspickel und Pusteln zeigen.

Stress, Ärger oder Angst wirken direkt über hormonelle Veränderungen auf der Haut, da die meisten Hautzellen besonders empfindlich auf Stresshormone reagieren. Stress setzt im Organismus eine Kaskade von Hormonen frei: Kortison, Adrenalin und Testosteron. Außerdem haben Stresshormone eine entzündungssteigernde Wirkung, welche den Juckreiz oder Ausschlag zusätzlich verstärken. Sie sind die „Zerstörer" des glatten und ebenmäßigen Teints und bei Frauen führt ein stressbedingter Überschuss an Testosteron zu einem Durcheinander der weiblichen Zyklushormone. Dies ist der Grund, warum Pickel bei Frauen häufig auch zyklusabhängig sind.

Jeder kennt anhaltenden und negativen Stress. Hast du das auch schon einmal bemerkt? Steht eine Prüfung, ein Vorstellungsgespräch oder Ähnliches an, kommen sehr schnell ein, zwei große oder viele kleine Unreinheiten. In dieser Zeit fühlen wir uns ausgelaugt und angespannt, sind nervös, nicht ausgeschlafen und erledigen scheinbar unwichtige Dinge nebenbei, um mehr Zeit für die übermächtigen Aufgaben zu sparen.

Außerdem werden folgende Erkrankungen durch Stress ausgelöst: Rückenschmerzen, Verspannungen am ganzen Körper, häufige Erkältungen durch eine Schwächung des Immunsystems, Kopfschmerzen, Migräne, Magen- und Darmgeschwüre, gestörte Fortpflanzung, sexuelle Unlust, Alkohol- und Drogenmissbrauch, psychische Erkrankungen, Panikattacken, Depressionen, Verkalkung der Herzkranzgefäße und Burnout.

Wenn du merkst, dass du schon das eine oder andere Symptom hast, solltest du sofort etwas dagegen unternehmen und mehr Gleichgewicht in deinen Alltag bringen. Stelle dir dafür eine Waage vor. Wenn auf einer Waagschale dein alltäglicher Stress liegt, dann solltest du auf die andere Waageschale Ruhe legen. Wenn du etwas schnell machst, brauchst du auch Zeit, etwas langsamer zu machen. So wird Alltagstress ausgeglichen und du bleibst im Gleichgewicht.

- **Ungesunde Ernährung – denn schöne Haut kommt auch von innen**
Deine tägliche Ernährung spielt zu 80 Prozent eine Rolle für deine Haut. Du bestimmst Tag für Tag, womit du die Zellen deines Körpers nährst. Eine mangelhafte Ernährung kann im wahrsten Sinne am Gesicht abgelesen werden. Durch falsche Ernährung bekommst du Pickeln, Rötungen und Irritationen. Der hohe Insulinspiegel der westlichen Ernährung hat automatisch auch eine erhöhte Hauttalgproduktion zufolge, welche das Wachstum von entzündlichen Bakterien auf der Haut fördert. Die Haut benötigt die richtigen Vitamine und Mineralstoffe, um schön auszusehen. Außerdem müssen die richtigen Nahrungsmittel gegessen werden, um die Haut gesund und sauber zu erhalten. Du solltest mit deinen Mahlzeiten, dem Körper das rechte Maß an Energie zuführen, damit du körperlich, geistig und psychisch im Gleichgewicht bleibst.

- **Vergiftung des Körpers**
Schöne Haut ist auch Darmsache. Gemäß dem Motto „Geht's dem Darm nicht gut, leidet die Haut" kann die sensible Körpermitte die Haut in Mitleidenschaft ziehen. Untermauert wird dieser Zusammenhang von Studien, die aufzeigen, dass Menschen mit Problemhaut oft

eine veränderte Darmflora und Darmbarriere aufweisen – Probleme, die sich unter Belastung zusätzlich verstärken können. Um die Grundlage für ein vitales und gesundes Leben zu schaffen, musst du die ständige Vergiftung des Körpers stoppen. Denke daran, dass – auch wenn du dich nicht krank fühlst – Gesundheit nicht die Abwesenheit von Krankheit ist, sondern vielmehr die Schaffung eines Gleichgewichts, wie es die Natur für uns vorhergesehen hat.

- **UV-Strahlung**

Sonnenlicht kann schädlich sein und eine übermäßige Einwirkung kann zu schweren Hautschäden führen: zum Beispiel zu vorzeitiger Hautalterung, Sonnenallergien und sogar Hautkrebs. Manche Frauen bekommen Pigmentierungen oder dunkle Flecken, weil die Sonne ihre Haut stark beeinträchtigt. Die Haut versucht, sich zu schützen und verhornt sich bei intensiver UV-Strahlung. Dadurch schließen sich die Poren schneller, was wiederum zu Pusteln und Pickeln führen kann.

- **Falsche Pflege**

Du verwendest die falschen Pflegeprodukte oder du pflegst deine Haut falsch. Aber was bedeutet falsche Pflege? Das bedeutet, dass du alle möglichen Produktmarken zusammen mischst oder falsch verwendest. Warum ist das falsch? Heutzutage gibt es in der Drogerie oder Apotheke eine wahnsinnige Auswahl an Produkten die alle toll aussehen und nur das Beste für die Haut versprechen. Da „kann es doch nicht falsch sein" mal dieses Peeling, dann diese Reinigung oder drei verschiedene Tagescremen auszuprobieren. Und wenn nach eins oder zwei Wochen kein Unterschied zu sehen ist, dann werden die Produkte eben nicht mehr verwendet. Oder? Das ist falsch. Die Haut ist mit den vielen Produkten irgendwann überfordert und fängt an zu streiken. Und das zeigt sich an der Hautoberfläche durch Reizungen und Unreinheiten. Denn die Gesichtshaut braucht ungefähr drei Monate, um sich auf Inhalts- und Wirkstoffe ein- und umzustellen, und diese Zeit solltest du deiner Haut auch geben.

Bei meiner täglichen Arbeit im Kosmetikstudio stelle ich immer öfters fest, dass die Kunden mit den Zustand ihrer Haut immer unzufriedener sind. Sie sind außerdem bei der Wahl der richtigen Produkte zur „Pflege" ihrer Haut ratlos, während die Gewinne der Kosmetikindustrie immens steigen. Aber auch die Pharmaindustrie verdient kräftig mit, denn die Hauterkrankungen nehmen ständig zu.

Es war einmal eine Frau bei mir im Institut. Sie hat mir erzählt, dass sie mehrere Jahre auf der Suche nach dem richtigen Pflegesystem für ihre Haut ist. Und in all den Jahren hat sie mehrere tausend Euros ausgegeben und war sich am Ende immer noch nicht sicher, was das Richtige für sie ist. Das brachte mich ins überlegen. Ist es nicht komisch, dass auf der einen Seite immer neue oder „verbesserte" Produkte auf den Markt kommen und auf der anderen Seite die Hautprobleme ständig zunehmen? Die Industrie hat kein Interesse an der Heilung unserer Hautprobleme. Sie ist allein daran interessiert, uns als Dauerkonsumenten zu behalten.

Sagen wir mal, du gehst zur Apotheke und lässt dich dort von Verkäufern beraten. Das Problem dabei ist, das die Produkte, die in der Apotheke verkauft werden, nicht frei von schädlichen Wirkstoffen sind und die Verkäufer oft die Wirkstoffe, die in den Produktmarken enthalten sind, nicht kennen. Außerdem wissen sie nicht, welchen Hautzustand du hast. Das ist jedoch nicht das Schlimmste: Kosmetikprodukte, die in der Apotheke verkauft werden, haben häufig schädlichere Inhaltsstoffe als gängige Kosmetik, da in Pharmakosmetik mehr Stoffe zugelassen sind.

- **Rauchen**
Raucher haben mehr Falten und sehen insgesamt viel älter aus als gleichaltrige Nichtraucher. Nikotin verengt die Blutgefäße, was die Versorgung von Sauerstoff an die Haut behindert. Somit gelangen auch weniger Nährstoffe in die Hautzellen. Die Haut wirkt fahl und als Folge entstehen viele Falten. Willst du schneller Falten bekommen

und viel älter aussehen? Nicht wirklich, oder? Dann weg damit! Hör auf zu rauchen! Es gibt viel schönere Dinge, die Spaß machen und deine Gesundheit nicht schädigen. Ebenso sparst du jede Menge Geld für schöne Dinge.

- **Alkohol**

Alkohol entzieht der Haut Feuchtigkeit und lässt sie somit ungesund wirken. Zudem entzieht Alkohol der Haut auch wichtige Nährstoffe, welche sie für einen frischen Teint braucht. Dauerhafter Alkoholkonsum begünstigt zudem die Bildung von ausgeprägten Falten, schwächt das Bindegewebe, die Haut verliert an Spannkraft und Elastizität, wirkt geschwollen und aufgedunsen. Außerdem weitet Alkohol die Blutgefäße und verstärkt die Durchblutung. Das führt dazu, dass sich die Haut errötet und man schneller schwitzt. Wer langfristig zu viel Alkohol trinkt, läuft Gefahr, dass neben Rötungen auch Äderchen auf der Gesichtshaut zu sehen sind.

- **Schlafmangel**

Schlafmangel wirkt sich negativ auf die Hautqualität und das Aussehen aus. Die Regenerations-, Reparatur- und Selbstheilungskraft der Gesichtshaut ist davon abhängig, wie lange und wie gut wir schlafen. Wenn wir ungenügend schlafen, wirkt die Haut fahl, die Elastizität der Haut nimmt deutlich ab, es bilden sich verstärkt Hautfalten, die Augen sind meist geschwollen und dunkle Augenringe weisen auf den schlechten bzw. zu kurzen Schlaf hin.

- **Alter**

Die Hautalterung ist ein natürlicher Prozess, welcher mit dem Verlust von Straffheit, Dehnbarkeit und Elastizität einhergeht. Mit der Zeit verlieren die Zellen in der Haut zunehmend die Fähigkeit, Feuchtigkeit zu speichern. Außerdem erneuert sich die Haut langsamer, wodurch sie dünner und weniger elastisch wird. Als Folge reagiert die Haut oft überempfindlich, trocknet aus oder neigt zu Unreinheiten bis hin zu Pickeln.

- **Erkrankungen und Medikamenteneinnahme.**
Die Einnahme von Medikamenten kann eine Medikamentenallergie auslösen, in Form von Ausschlag, Juckreiz oder Schwellungen. Über 80 Prozent aller Nebenwirkungen der Medikamente zeigen sich auf der Haut als Rötungen und Irritationen.

Zur Vermeidung von unreiner Haut

Es kann sein, dass dir deine schlechten Angewohnheiten noch gar nicht bewusst sind diese aber deine unreine Haut verursachen. Denn es geht nicht um die großen Dinge, sondern um die täglichen, kleinen Angewohnheiten, welche deine Haut verschlechtern. Verbanne diese Pickelfallen aus deinem Alltag, indem du alte Gewohnheiten ablegst und neue annimmst.

- **Finger aus dem Gesicht lassen.**
Du bist müde oder gedankenverloren und schon wandern deine Finger wie von selbst ins Gesicht. Mit dieser Angewohnheit bringst du nicht nur Bakterien und Schmutz in dein Antlitz, sondern verteilst auch jene, welche bereits dort vorhanden sind. Deshalb solltest du deine Bewegungen kontrollieren, regelmäßig Hände waschen und ein antibakterielles Handgel in deiner Handtasche mittragen. So kannst du die Hände zwischendurch immer wieder desinfizieren, falls du dir doch ab und zu unbewusst ins Gesicht fasst.

- **Smartphone sauber halten.**
Dein Smartphone ist ein Paradies für Keime und Bakterien. Hautpartikel, Schweiß und überschüssiger Talg vermischen sich auf deinem Smartphone mit allerlei Keimen, die über die Finger auf das Display gelangen. So entsteht eine unappetitliche Mixtur, welche die Entste-

hung von Pickeln optimal fördert. Um das zu vermeiden, reinige und desinfiziere dein Smartphone regelmäßig gründlich, sodass Bakterien und Keime keine Chance haben.

- **Kopfkissenbezug häufig wechseln.**

Auf dem Kopfkissen tummeln sich Bakterien und der Bezug ist eine optimale Übertragungsmöglichkeit für Bakterien. Aus diesem Grund solltest du ihn so oft wie möglich wechseln. Wenn das dir zu lästig ist, habe ich einen besonderen Tipp für dich: Nimm ein weiches T-Shirt aus Baumwolle, welches du nicht mehr trägst, und falte es in der Mitte zusammen. Lege das T-Shirt so zusammengefaltet auf dein Kopfkissen. Nachdem du einmal darauf geschlafen hast, dreh das T-Shirt um. Am nächsten Abend drehst du das T-Shirt auf der anderen Seite zusammen und gehst gleich vor, wie die beiden Male zuvor. Auf diese Weise hast du vier Nächte lang eine saubere Unterlage für dein Gesicht, ohne deinen Kopfkissenbezug wechseln zu müssen. Anschließend solltest du das T-Shirt natürlich waschen.

- **Kosmetiktücher statt Handtücher benutzen.**

Wenn du statt Handtücher Kosmetiktücher zum Abtrocken deines Gesichtes verwendest, kannst du eine weitere potenzielle Quelle von pickelverursachenden Bakterien und Keimen ausschalten. Kosmetiktücher kommen immer frisch aus der Box und sind zudem angenehm weich auf der Haut. Aber Kosmetiktücher sind nur für unterwegs und nicht für das tägliche Abschminken geeignet.

- **Make-up Pinsel mindestens 1x die Woche reinigen.**

Make-up Pinsel verteilen nicht nur Puder auf deinem Gesicht. Auch sie zählen zu den heimlichen Bakterienherden. Egal, welche Pinsel du für dein Gesichts-Make-up verwendest, solltest du sie mindestens einmal pro Woche reinigen. Spezielle Pinselreiniger kannst du auch ohne Wasser anwenden. Sie wirken desinfizierend und verkürzen die Trockenzeit. So lassen sich deine Pinsel rasch wiederverwenden.

- **Drücken, Quetschen, Kratzen vermeiden.**
Durch das Herumdrücken an der Haut kann es zu tiefliegenden Entzündungen kommen, zum anderen verteilst du durch das Drücken Bakterien, sodass neue Unreinheiten entstehen. Auch, wenn der Pickel oder Mitesser noch so verlockend aussieht und es dich in den Fingern juckt, ist spontanes Herumdrücken ein No-Go. Es verschlimmert den Hautzustand und führt zu Akne-Narben, die wochenlang auf dem Gesicht sitzen. Lass den Pickel einfach in Ruhe, weil er mit der richtigen Pflege in 1 bis 2 Tagen von allein zurückgeht.

- **Kosmetikprodukte mit besonderer Verpackung verwenden.**
Wähle Cremes und Foundations, die einen hygienischen Pumpspender haben. Aus diesen entnimmst du nur die Menge des Produktes, welche du momentan benötigst. So wird das Produkt frei von Keimen und Bakterien gehalten.

4.2. Diese Lebensmittel solltest du vermeiden

Viele Lebensmittel, welche wir essen, machen müde, antriebslos und schlapp. Das wirkt sich auf deine Laune, Arbeitsleistung, Konzentration und Ausstrahlung aus. Energie entsteht unter anderem aus der Ernährung. Deswegen solltest du sorgfältig auf deine Mahlzeiten achten. Menschen haben beobachtet, dass sich ihr Hautzustand plötzlich nach dem Genuss von einigen Lebensmitteln verschlimmert hat. Bei anderen Nahrungsmitteln dagegen hat sich die Haut verbessert. Unreinheiten werden in vielen Fällen durch Reaktionen auf bestimmte Lebensmittel verstärkt. Die vier größten Ursachen von Unreinheiten sind:

- **Kuhmilch.**
Milchprodukte sind häufige Ursache von Hautproblemen. Kuhmilch enthält so unglaublich starke Wachstumshormone, um ein Kalb von 40 Kilo bei der Geburt auf 453 Kilo zu körperlicher Reife innerhalb von Jahren heranwachsen zu lassen. Im Vergleich dazu wird ein Säugling mit 2,5 bis 3,5 Kilo geboren und wiegt bei körperlicher Reife 21 Jahre später zwischen 45 und 90 Kilo.

Die Wachstumshormone, welche in der Kuhmilch enthalten sind, können das Hautbild verschlechtern, weil diese die Überproduktion von Hauttalg auslösen. Die Wahrheit ist, dass diese Milch kein menschliches Nahrungsmittel sondern für Kälber bestimmt ist. Stattdessen ist es ratsam, Hafer-, Reis-, Kokos- oder Mandelmilch zu trinken.

- **Tierische Fette – Fleisch, Wurst, Schinken, Speck, Butter, Butterschmalz.**
Sie begünstigen die Unreinheiten und verstopfen die Poren. Tierisches Eiweiß aus Fleisch, Wurst, Schinken, Speck, Ei, Milch und Milchprodukten mit ungünstigen Fetten, können dazu beitragen, dass die Hornschichten der Haut verdicken und verhärten. Die Öffnungen von Hautporen werden hart und unelastisch. Durch hartes Fett sowie die Verhornung des Ausgangs, können sie ganz verstopfen. Dadurch wird

der Organismus gezwungen, das Abstoßen der Fetttropfen gewaltsam durch Entzündung und Einschmelzung des umliegenden Gewebes – Eiterbildung – vorzunehmen. Bakterien beschleunigen diesen Vorgang. Um herauszufinden, ob die Haut auf tierisches Eiweiß reagiert, ist es ratsam, über einen längeren Zeitraum sämtliche tierischen Eiweißquellen aus dem Speiseplan zu streichen. Anschließend beobachtet man die Haut und ihre Reaktion darauf.

- **Weizenprodukte und raffinierte Kohlenhydrate.**
Weißbrot enthält Gluten, der den Blutzucker rasant ansteigen lässt. Weizenmehl ist nicht nur problematisch für die Haut, sondern birgt viele verschiedene Gesundheitsrisiken. Deshalb ist es am besten, Pizza, Brötchen und Nudeln aus Weizenmehl wegzulassen. Außerdem solltest du auf Fastfood und Fertigprodukte verzichten. Greife stattdessen auf Produkte mit Vollkorn-Getreide oder Dinkel zurück.

Aber warum denn Dinkel? Dinkel hat eine geringere Belastung von Schadstoffen. Aufgrund seiner Spelzhülle ist Dinkel besser vor Schädlingen geschützt als Weizen, wodurch auch du mit dem Verzehr von Dinkelprodukten weniger Schadstoffe zu dir nimmst. Da diese Hülle jedoch während des Verarbeitungsprozesses entfernt werden muss, sind Dinkelprodukte teurer als Weizenprodukte. Außerdem hat Dinkel ein höheres Gehalt an Vitaminen, vor allem B-Vitamine, Aminosäuren und Fettsäuren, Ballaststoffe. Ebenso in Dinkel und auch in höherer Konzentration als in Weizen, befinden sich Spurenelemente, wie Zink, Kupfer und Mangan. Hinzu kommt Kieselerde, welche in großen Mengen in Dinkel enthalten ist. Kieselerde wird ebenso in der Homöopathie eingesetzt, um Haut, Haare und Nägel nachhaltig zu stärken und dem körpereigenen Gewebe wieder mehr Elastizität zu verleihen. Also, wenn du deine Unreinheiten loswerden möchtest, solltest du lieber auf Dinkelbrot umsteigen.

- **Süßigkeiten und Softgetränke.**
Weißer Zucker sowie zu viel Fruchtzucker können die Auslöser von talgstimulierenden Hormonstoffen fördern. Dies kann das Gleichgewicht der Hormone stören und ihren Blutzuckerspiegel beeinflussen.

Um Unreinheiten zu beseitigen, ist es empfehlenswert, auf Lebensmittel zu verzichten, welche den Blutzuckerspiegel stark ansteigen lassen. Das sind zumeist zuckerreiche Lebensmittel, wie Kuchen, Back- und Teigwaren, Eis sowie zuckerreiche Süßigkeiten aller Art. Auch zuckerhaltige Softdrinks, wie Cola, Fanta, Energy Drinks und Limonaden, haben einen negativen Einfluss auf unsere Haut. Die Talgdrüsen vergrößern sich, Entzündungen in Darm werden verstärkt und Erkrankungen somit begünstigt. Eine gestörte Darmflora und Entzündungen im Darm sind häufige Ursachen für Hautprobleme. Akne, Hautunreinheiten, Falten, Entzündungen, Pigmentflecke, hormonelle Störungen sind oft die Folge eines Verzehrs von zu viel Zucker. Außerdem werden die Hautzellen geschwächt und sind anfälliger für Sonnenschäden und Umwelteinflüsse.

Bist du ein emotionaler Esser?

Wusstest du schon, dass unser „Inneres" kaputtgeht, wenn wir unseren Bedürfnissen nicht nachgehen? Daher entwickeln wir oftmals Vermeidungsstrategien. Dazu gehört auch das emotionale Essen. Damit wir den Schmerz nicht fühlen müssen, lenken wir uns mit Essen ab. Jedoch fühlen wir uns danach schlecht, weil wir zu viel gegessen haben.

Im Alltag passiert es uns oftmals, dass wir nicht aus Hunger essen, sondern aus einer Laune heraus, gesteuert von unseren Gefühlen und Emotionen. Zum Beispiel trinken wir bei Schlafmangel viel Kaffee, durch Zeitmangel essen wir fettiges Essen oder Fast Food und bei Stress und Unzufriedenheit greifen wir zur Schokolade. Aus diesem emotionalen Essen kann schnell ein Teufelskreis werden. Dadurch redest du dir ein schlechtes Gewissen ein und eine schlechte Beziehung zum Essen beginnt. Du fühlst dich schlecht und willst etwas essen. Und wenn du dann isst, fühlst du dich auch schlecht. Erst, wenn du den Ursprung für deinen Schmerz, und damit auch deine Heißhungerattacken erkennst, kannst du diese auch nachvollziehen und dagegen angehen. Daher solltest du deine Verhaltensmuster bewusst erkennen und merken, in welchen Situationen du schnell zum Essen greifst und aus welchem Grund. Anschließend tauchst du tiefer in dich hinein und überlegst dir, welche Erlebnisse in der Vergangenheit dieses Verhalten aktiviert haben. Wenn du merkst, dass eine Situation dich wieder dazu führt, zum Essen zu greifen, kannst du dich bewusst dagegen entscheiden, da du den Kern deines Heißhungers kennst. Denn egal was du isst, sollte das Essen mit Dankbarkeit und Freude zu sich genommen werden. Ich hatte das Problem auch, bis ich verstanden habe, dass in unserem Unterbewusstsein sehr viele Automatismen ablaufen, gegen die wir ständig ankämpfen.

4.3. Schritte zur schönen Haut

Kreiere deine außergewöhnliche Lebensqualität

Um die maximale Energie in deinem Körper zu haben, ist es notwendig, dass wir eine Balance in unserem Säure-Basen-Haushalt herstellen. Dabei geht es darum, in der richtigen Weise zu atmen, sodass deine Zellen im Körper optimal versorgt werden. Es geht darum, genügend zu trinken, damit Giftstoffe optimal aus deinem Körper ausgeleitet werden, sowie liebevoll zu dir und anderen zu sein, damit dein Nervensystem ideal funktionieren kann. Außerdem geht es darum, die richtige Nahrung zu dir zu nehmen, damit dein Körper Energie daraus gewinnen kann. Deshalb möchte ich dir den Weg zu deinem Wohlbefinden und deiner strahlenden Haut zeigen, da die natürliche Schönheit der Ausdruck von Gesundheit ist. Eine ausgewogene und gesunde Kost unterstützt den Körper und verbessert das Erscheinungsbild der Haut.

Ernährung

Deine tägliche Ernährung spielt zu 80 Prozent eine Rolle für deine Haut. Du bestimmst Tag für Tag, womit du die Zellen deines Körpers nährst. Eine mangelhafte Ernährung kann im wahrsten Sinne am Gesicht abgelesen werden.

Vermeide ungesunde, verarbeitete, zuckerhaltige und fetthaltige Snacks und halte in Gedanken fest, dass die Umstellung nur am Anfang herausfordernd erscheint. Die ersten paar Tage bis Wochen ist es anstrengend, nach und nach wird es zu einer Gewohnheit und dann wirst du gar nicht darauf verzichten wollen, weil es deiner Haut so guttut. Die Haut benötigt die richtigen Vitamine und Mineralstoffe, um schön auszusehen. Am besten sind frische Lebensmittel dafür geeignet. Eine gesunde Ernährung in allen Farben – mit viel Obst, Gemüse, frischen Kräutern und hochwertigen pflanzlichen Ölen, ist die beste Grundlage für gesunde Haut, Haare und Nägel. Achte deshalb darauf, dass ein großer Teil deiner Ernährung aus qualitativ hochwertig angebautem und ungekochtem Essen besteht.

Beim Obstkonsum folge den Regenbogenfarben, insbesondere blaue Beeren, Grapefruit, Granatapfel und Erdbeeren machen deine Haut wirklich schön. Vorsicht jedoch mit Früchten, welche eine hohe Konzentration von Zucker enthalten, wie beispielsweise Bananen, Äpfel, Wassermelonen und Trauben.

Gemüse, Gemüse und noch mehr Gemüse sind gut für eine glatte Haut. Konsumiere täglich mindestens fünf Portionen vom bunten Gemüse – Spargel, Spinat, Zucchini, Brokkoli, Salat, Gurken oder Möhren.

Welche Vitamine sind für die Haut am wichtigsten und wo sind diese vorhanden?

- Für ein intaktes Immunsystem, gesunde Augen und geschmeidige Haut ist gerade Vitamin A entscheidend. Es ist eines der wichtigsten Vitamine für die Haut, beugt Falten vor und verzögert die Hautalterung. Ein Mangel an Vitamin A kann sich beispielsweise durch trockene und schuppige Haut äußern. Lebensmittel mit reichlich Vitamin A sind: Leber, Niere, Eigelb, Sojamilch, Karotten.
- Vitamin C ist in seiner Anti-Aging-Wirkung bewährt. Der Stoff kurbelt die Produktion von Kollagen an. Dies ist sehr wichtig für ein glattes Hautbild. Zusätzlich hemmt Vitamin C die Entstehung von Pigmentflecken, ist ein wirksames Antioxidans, welches das Bindegewebe strafft und unsere Haut vor freien Radikalen schützt. Außerdem kann Vitamin C bestehende Pickel dazu bringen, schneller abzuheilen. Es ist eines der wertvollsten Vitamine für die Haut! Lebensmittel mit reichlich Vitamin C sind: Kiwi, Papaya, Paprika,

Holunder, Johannisbeeren, Erdbeeren, Kohl, Spinat, Sanddorn, Hagebutten, Zitrusfrüchte.
- Vitamin E schützt nicht nur unsere Zellwände, es verzögert zudem die Alterung der Haut, bietet Sonnenschutz und ist damit auch das Anti-Aging-Vitamin der Beautywelt. Lebensmittel mit reichlich Vitamin E sind: Kohl, Nüsse, Mango, Paprika, Peperoni, Avocado, Leinsamen, Weizenkeimöl, Schwarzwurzel, Sonnenblumenkerne.
- Nahrungsmittel, die reich an Proteinen und Omega-3-Fettsäuren sind, tragen besonders effektiv zu weicher Haut bei. Sie unterstützen die Haut dabei, Feuchtigkeit zu binden und stärken die natürliche Feuchtigkeitsbarriere der Haut. Hohen Gehalt an Omega-3-Fettsäuren haben insbesondere wild gefangene und kleine Fische, wie Sardellen, Makrelen, Sardinen und Bio-Lachs sowie Leinsamen und -öl, Chiasamen, Walnüsse und Sojaprodukte.

4.4. Lebenselixier – das Wasser

Wasser trinken. Aber schnell!

Es gibt unendlich viele Gründe dafür, warum du mehr Wasser zu dir nehmen solltest. Flüssigkeit ist ein wesentlicher Faktor bei schöner, gesunder Haut. Ist der Körper gut hydratisiert, ist die Haut weicher, glatter und elastischer. Sie wird straffer und weniger trocken. Das Wasser klärt die Haut und lässt sie strahlen, weil es dem Körper hilft, Giftstoffe schneller auszuschwemmen. Denn zu wenig Flüssigkeit ist Gift für die Haut. Trinkst du dauerhaft zu wenig, dörrst du deine Haut aus. Sie wird schlaff und neigt zur Faltenbildung.

Du solltest im Laufe eines jeden Tages um die zwei Liter Flüssigkeit aufnehmen, und zwar stilles Wasser oder ungesüßten Tee aus Brennnessel, Fenchel, Kamille sowie grünen Tee. Dies verbessert den Stoffwechsel und hilft beim Ausscheiden schädlicher Stoffe. Vor allem grüner Tee hat eine starke entzündungshemmende Wirkung. Die im grünen Tee enthaltenden Inhaltsstoffe können Irritationen und Rötungen mindern und der Haut helfen, sich zu reparieren. Wenn du feststellst, dass du nur einen Liter Wasser am Tag trinkst und im Laufe des Tages keinen Durst verspürst, brauchst du dich nicht zu zwingen, sofort täglich zwei Liter Flüssigkeit zu trinken. Du solltest ganz bewusst zu einem Liter Wasser am Tag ein weiteres Glas Wasser trinken. Wenn dein Körper sich an diese Menge gewöhnt hat, kannst du noch ein Glas Wasser mehr trinken. So gewöhnt sich dein Körper allmählich an diese Menge.

Basischer Tee zum Ausgleich

Trinken ist wichtiger als essen. Nichts kann besser und schneller für eine Entsäuerung des Körpers sorgen als viel Flüssigkeit. Der täglich hohe Konsum von Kaffee, Alkohol, süßen Säften und kohlensäurehaltigen Limonaden verlangt nach einem Ausgleich. Wasser allein ist oft sehr unbefriedigend. Deshalb mein Tipp: Basischer Tee. Das ist längst kein Geheimnis mehr und von der Industrie als neuer Gesundheitstrend entdeckt. Es gibt mittlerweile eine Vielzahl von gesunden und wohltuenden Tees. Pflanzennahrung ist immer noch die gesündeste und so ist es kein Wunder, dass den Tees eine heilende Wirkung nachgesagt wird. Deshalb sind basische Kräutertees sehr empfehlenswert. Das Kriterium ‚basisch' erfüllen fast alle Tees. Man kann bei der Auswahl also nicht viel falsch machen. Achte beim Kauf außerdem auf den Anbau der Kräuter, um die Belastungen von Pflanzenschutzmitteln zu vermeiden. Deshalb solltest du möglichst viele Bio-Kräuter-Tees kaufen! Schwarzer Tee ist übrigens nicht basisch.

Noch mein Tipp für alle Teemuffel: Verfeinere bzw. versüße deinen Tee mit Bio-Honig, getrockneten Feigen, Datteln und Rosinen. Auch der Saft einer Zitrone oder Limette macht deinen Tee zu einem wahren Genuss!

4.5. Kosmetikbesuch

Deine Haut regeneriert sich völlig selbständig innerhalb von 28 Tagen. Um diesen Regenerationsprozess zu unterstützen, braucht jeder Mensch einmal im Monat einen Kosmetikbesuch. Eine Kosmetikerin hilft dir dabei, deine Haut genau kennenzulernen und zu verstehen. Frauen, welche zu mir ins Kosmetikstudio kommen und mit mir zusammen an ihrer Haut arbeiten, wissen diese Unterstützung sehr zu schätzen. So gehen wir Schritt für Schritt zu ihrer Traumhaut. Leidest du unter einem Hautproblem und bist bereit, die nötigen Schritte zu unternehmen, wirst du Fortschritte auf dem Weg zu deinem Traumteint erzielen.

Welchen Hauttyp hast du überhaupt? Und welche Creme passt genau zu deinem Hauttyp? Das lässt sich am besten von einer gelernten Kosmetikerin überprüfen, die eine ausführliche Hautanalyse anbietet. Bei einer persönlichen Hautdiagnose wird deine Haut unter die Lupe genommen und deine Hautbeschaffenheit analysiert. Du erfährst alles über den Zustand der Poren, wie gut deine Haut durchblutet ist, wo Verspannungen und Wasseransammlungen sind, die Spannungskraft der Haut sowie ihre Empfindlichkeit.

Mit der Gesichtsbehandlung versorgt die Kosmetikerin deine Haut mit Wirkstoffen, welche deine Haut braucht. Nach der Behandlung wird deine Haut viel frischer, strahlender und optisch erholter aussehen. Du bekommst auch die richtige Empfehlung zur optimalen, nachhaltigen Pflege zu Hause. Anschließend beginnst du selbst mit der Pflege, welche genau auf deinen Hauttyp abgestimmt ist! Vielleicht hast du seit längerem experimentiert, welches Produkt für deine Haut passt und hast immer noch nicht das Optimale für dich gefunden. Es gibt unzählige, verschiedene Produkte – Masken, Peelings, Salben und Cremes. Die für dich am besten geeignete Pflege zu finden ist kompliziert, wenn du dich damit nicht auskennst. Du kannst sicherlich Geld sparen und keine unnötigen Experimente an deiner Haut durchführen, indem du

als Erstes einen Besuch bei einem Kosmetikinstitut in deiner Umgebung vornimmst. Diese Investition bringt sehr viele Vorteile für dein Aussehen.

Frauen, welche im beruflichen wie auch im privaten Bereich viel Stress und wenig Zeit für sich selbst haben, sollten sich regelmäßig kleine Auszeiten im Kosmetikinstitut gönnen, um ihren Alltag gestärkt und vital zu bewältigen.

Bei einem Kosmetikbesuch gibt es viele Möglichkeiten, deinen Hautzustand zu verbessern. Am besten suchst du dir eine Kosmetikerin in deiner Umgebung aus, die mit apparativer Kosmetik arbeitet und Hautanalysen anbietet. Die modernen Geräte helfen schnell und effektiv, in kürzester Zeit deinen Traumteint zu erreichen.

Zum Beispiel sieht die Haut mit Hilfe eines **Ultraschall**-Gerätes nach der Behandlung frischer und klarer aus. Die Haut nimmt damit besser Feuchtigkeit und Wirkstoffe auf und wird dadurch praller und mit mehr Nährstoffen versorgt. Die Produktion von Elastin- und Kollagenfasern im Bindegewebe wird angeregt, wodurch sich die Elastizität und Zugfestigkeit der Haut verbessert. Daraus resultiert eine höhere Spannkraft, das Bindegewebe wird gefestigt, Fältchen vermindert und die Haut gestrafft und revitalisiert. Zudem können Verhärtungen und Vernarbungen vermindert und die gesamte Hautstruktur verbessert werden.

Die innovative **Diamant Mikrodermabrasion Behandlung** ermöglicht eine sanfte und schmerzfreie Abtragung der oberen Hautschichten und hilft, die natürliche Hautregeneration wieder anzuregen. Bei dieser Behandlung wird die Haut ideal für nachfolgende, hochwirksame Wirkstoffe und Pflegeprodukte vorbereitet. Ebenso wird das Hautbild verfeinert, Akne vermindert, die Faltentiefe gemindert sowie die Mimikfalten verringert. Das Erscheinungsbild von großporiger und unreiner Haut wird verbessert, die Narben werden in ihrer Erscheinung gemildert. Außerdem werden Pigmentstörungen und Altersflecken vermindert.

Die **Micro Needling Behandlung** ist eine spezielle Methode, um die Neuproduktion von Kollagen und Elastin sowie die Ausschüttung von Hyaluronsäure zu aktivieren. Die Hautstruktur wird durch den natürlichen Prozess der Heilung und Regeneration gestärkt und gefestigt. Die schnell sichtbaren sowie spürbaren Ergebnisse sprechen für sich. Durch diese Behandlung werden folgende Ergebnisse erzielt: Verminderung von Falten und Linien, Hautverjüngung, Regeneration atrophischer Haut sowie Minimierung von Narben verschiedener Art.

Fruchtsäurepeeling. Fruchtsäure kann Unreinheiten, Narben durch Akne, Pigmentierungen, erweiterte Poren und kleine Fältchen abmindern. Durch diese Behandlung bekommst du eine glatte und ebene

Hautstruktur. Peelings mit Fruchtsäure haben einen größeren Effekt als die mechanischen und sind bestens gegen Akne geeignet.

Die **Green Peel Behandlung** ist eine natürliche Kräuterschälkur. Es ist eine erfolgreiche, natürliche Methode für die Hautregeneration. Während dieser Behandlung wird die Durchblutung intensiviert, der Stoffwechsel aktiviert und die Haut entschlackt. Durch die Verbesserung der Blutzirkulation in den Kapillaren, erfolgt eine gesteigerte Versorgung der Haut mit Sauerstoff und Nährstoffen. Die Haut wird zur Zellneubildung angeregt und es erfolgt eine verstärkte Regeneration. Dies führt zu einer Verbesserung der Hautqualität in Bezug auf Farbe und Relief, zur Straffung der Haut, zu einer Abflachung der Hautfalten und zur Beseitigung beziehungsweise Verminderung und Glättung von Narben. Bei Akne und unreiner Haut wird die Verhornung am Talgdrüsenausführungsgang vermindert und so die Neubildung von Unreinheiten verhindert bzw. vermindert. Bestehende Pickel werden gelockert und freigelegt, geschlossene rascher in offene umgewandelt und die gesteigerte Durchblutung fördert die Abheilung und Beseitigung von Papeln und Pusteln.

Die **Radiofrequenz Behandlung** ist für Hautstraffung, Gewebefestigung sowie die Linderung von Erschlaffungen der Haut sehr gut geeignet. Durch Radiofrequenzen wird Energie in Form von Wärme an die Oberfläche der Haut und Unterhaut abgegeben. Die Wärme regt die Kollagenbildung in der Haut an, wodurch der Hautalterung auf schonende Weise entgegengewirkt werden kann. Die Haut strafft sich, die Falten glätten sich und das Gesamtbild der Haut wird langfristig verjüngt. Nach einigen Wochen sieht die Haut wesentlich praller und straffer aus.

Die **Cryoanwendung** ist eine einfache Art, um Hautpigmentierungen und Pigmentflecken zu lösen. Kühlmittel, und zwar flüssiger Stickstoff bei -89 Grad C, werden direkt ins Gewebe eingebracht, um die Zerstörung des veränderten Gewebes zu erreichen. Durch diese Behandlung werden Hyperpigmentierungen und Warzen einfach entfernt.

Mit diesen und vielen anderen Behandlungen konnten tausende von Kundinnen und Kunden ihr Hautzustand in meinen beiden Kosmetikstudios deutlich verbessern. Aber wenn du dich nur für eine entspannende und wohltuende Grundbehandlung ohne Geräte entscheidest, wird auch diese deine Haut auffrischen und effektiv mit notwendigen Wirkstoffen versorgen. Welche Behandlung für deine Haut notwendig und gut ist, solltest du zusammen mit der Kosmetikerin nach einer ausführlichen Hautanalyse entscheiden. Möchtest du dir bis ins hohe Alter eine jung gebliebene Haut erhalten? Dann ist es jetzt an der Zeit, die notwendigen Schritte dafür einzuleiten. Es ist egal, in welchem Alter du beginnst, dich um dein Aussehen und deine Haut zu kümmern, das Wichtigste ist, dass du beginnst.

Ästhetik Therapeutin

Die Weiterbildung zu einer Ästhetik Therapeutin ist eine Qualifikation, die den Unterschied macht. Diese Ausbildung hat mein Wissen in den Bereichen dermazeutische Hautgesundheit und ästhetische Behandlungskonzepte enorm erweitert. Außerdem habe ich mein Wissen rund um die Haut, Wirkstoffe und ihre Wirkungsweisen auf der Haut sehr vertieft.

So kann ich Frauen professionell beraten und ganz individuell auf ihre Wünsche eingehen. Zudem kann ich mit diesem Wissen Frauen helfen, unreine Haut zu bekämpfen, Hautalterung vorzubeugen und Rötungen sowie Irritationen deutlich zu mildern. Mit innovativen, kosmetischen Geräten bieten wir eine große Behandlungsvielfalt für die Haut an, sowie ein ganzheitliches Konzept zur Hautverjüngung und Hautverbesserung mit dermatologisch getesteten und natürlichen Produkten. Somit können die besten Ergebnisse für jede Haut in jedem Alter erzielt werden.

Unsere Pflegekonzepte sind für Frauen geeignet, die sichtbare Ergebnisse in ihrer Haut haben wollen. Meine zwei Kosmetikstudios und unsere Angebote findest du unter: **www.kosmetik-weichelt.de** und **www.massage-weichelt.de**

Onkologische Kosmetik

Nach meiner Fachweiterbildung zur onkologischen Kosmetik bieten wir die Gesichtsbehandlungen für Krebspatientinnen in unseren Kosmetikstudios an.

Aufgrund der Empfindlichkeit und der besonderen Bedürfnisse der Haut, ist während der Krebstherapie eine professionelle Beratung zu den Produkten, die man während der Behandlung und danach für die Pflege zuhause verwendet, extrem wichtig. Ich kann beurteilen, welche Wirkstoffe die Haut benötigt und sinnvoll für die Haut sind, aber auch welche man meiden sollte, da sie sich negativ auf das Hautbild auswirken und die Haut zusätzlich reizen können. Ebenso berate ich, welche Pflegestoffe bei auftretenden Hautveränderungen oder -irritationen während der Therapie geeignet sind, um das Hautbild zu verbessern, Missempfindungen zu lindern und das Hautgefühl zu verbessern. Ich stehe den Kundinnen während der gesamten Krebsbehandlung beratend und pflegend zur Seite.

Außerdem engagiere ich mich seit 2018 ehrenamtlich für die gemeinnützige Organisation DKMS LIFE mit „look good feel better" Kosmetikseminaren für Krebspatientinnen in Krankenhäusern. In einem rund zweistündigen Mitmachprogramm haben betroffene Mädchen und Frauen professionelle Tipps von mir zur Gesichtspflege und zum Schminken bekommen. Sie erlernten besondere Techniken, um Augenbrauen und Wimpern natürlich nachzuzeichnen oder beispielsweise Hautflecken, die aufgrund der Bestrahlung entstanden sind, unauffällig abzudecken.

Mein Ziel ist, den Krebspatientinnen Lebensqualität, Selbstwertgefühl und damit verbundene Hoffnung zu schenken und sie während ihrer Therapie zu unterstützen, um ihren Heilungsprozess positiv zu beeinflussen. Mein Motto ist: Schön. Sichtbar. Sein – und zwar sofort und in jeder Lebenssituation.

Mehr Infos zu Seminaren findest du unter:
www.dkms-life.de/seminare

Ich möchte dir dazu eine Geschichte erzählen. Einmal an einem von meinen Schminkseminaren haben die betroffenen Frauen über ihre Haare gesprochen. Es waren ca. acht Frauen im Raum. Ein paar Frauen hatten Perücken getragen, andere hatten noch eigene Haare. Eine Frau hat erzählt, dass sie früher schöne lange blonde Haare hatte, aber als sie angefangen haben, auszuzufallen, hat sie sie abgeschnitten und nur zwei bis drei Härchen an eine Seite dagelassen. Sie hat einer an-

deren Frau ihre zwei gebliebene Härchen am Kopf gezeigt und gesagt: „Guck mal, solche Haare hatte ich früher gehabt." Und die andere Frau hat mit sehr großer Begeisterung geantwortet: „Wow! Du hast so schöne Haare!" Während ich das gehört habe, habe ich Gänsehaut bekommen und mir gedacht: „Diese Frau freut sich über die zwei gebliebenen Härchen und ich habe so viele Haare und meckere trotzdem ab und zu, dass ich nicht so volles Haar wie manche andere Frauen habe!"

Was ich für mich von diesen Seminaren gelernt habe, ist die Wertschätzung für unser tägliches Leben. Vergleiche dich nicht mit den Anderen! Sei du selbst, freue dich auf jeden Tag deines Lebens und jede einzelne Kleinigkeit deines Körpers.

Vorteile einer fachlichen Beratung in einem onkologischen Kosmetikstudio

Die onkologische Kosmetik ist spezialisiert auf die besonderen Bedürfnisse der Haut während und nach einer Krebserkrankung. Während dieser Weiterbildung erwarb ich Zusatzqualifikationen zur onkologischen Kosmetik und fundiertes Wissen über:

- die Onkologie
- aktuelles therapeutisches Verfahren
- unterschiedliche Krebsarten
- Medikamente in der onkologischen Therapie
- Nebenwirkungen von verschiedenen Krebsbehandlungen (wie Chemo-, Immun-, Hormon- oder Strahlentherapie)
- Auswirkungen der einzelnen Therapieverfahren auf Haut und Nägel
- geeignete und ungeeignete Wirkstoffe, sowie deren Wirkung auf die Haut
- Pflegemöglichkeiten und passende Produkte
- kosmetische Möglichkeiten im Bereich der Hautpflege und dekorativen Kosmetik
- die Situation und emotionalen Belastungen der Patientinnen

Über dieses Wissen verfügt eine Kosmetikerin ohne entsprechende Zusatzqualifikation nicht, da diese Themen nicht Bestandteil der klassischen Kosmetikausbildung sind. Begleitend zur ärztlichen Therapie ist es mein Ziel, die besonders empfindliche Haut gut zu versorgen und ihr zum richtigen Zeitpunkt die Wirkstoffe zuzuführen, die sie benötigt – aber auch Wirkstoffe fernzuhalten, die sie noch zusätzlich austrocknen, reizen oder das Hautbild verschlechtern könnten. Hauterscheinungen, die meist mit verschiedenen Missempfindungen wie Jucken oder Spannen einhergehen, sollen möglichst abgefangen oder gemildert werden. Deshalb stehe ich als onkologische Hautpflege-Spezialistin immer mit meinen Kundinnen und Kunden in Kontakt, um die Pflege auch kurzfristig an die aktuellen Bedürfnisse der Haut anpassen zu können. Nach Abschluss der Therapie steht die Regenerationsphase der Haut im Vordergrund, die ebenfalls durch die geeignete Pflege unterstützt wird.

4.6. Warum ist Hautpflege wichtig?

Es gibt gewisse Regeln, welche jede Haut schöner und gesünder aussehen lassen. Das Beste daran ist, dass sich diese mit Tipps leicht umsetzen lassen und für alle Altersgruppen geeignet sind. Jeder kann eine schöne Haut besitzen, wenn er sich die Mühe gibt, diese regelmäßig zu pflegen. Wichtig ist, sich gezielt um die eigene Haut zu kümmern und dieser die Pflege zukommen zu lassen, welche sie auch verdient. Schöne Haut ist nicht nur ästhetisch wichtig, sondern trägt einen großen Teil zu unserem allgemeinen Wohlbefinden bei.

Die Corona-Krise und die damit verbundenen Maßnahmen, wie Homeoffice, Ausgangsbeschränkungen und Quarantäne, haben gezeigt, wie wichtig das Thema Selbstfürsorge ist und hat unserem Leben neue sowie besondere Impulse gegeben. Dass es einen herunterzieht, den ganzen Tag ungestylt und im Schlabberlook herumzulaufen, war zwar für manche längst eine Tatsache, für viele aber ein ganz neues Learning. Immer mehr Menschen haben festgestellt, wie wichtig es ist, „nur" für sich selbst zu sorgen und sich schön zu machen.

Meiner Meinung nach sind Hautpflege und Schminken zudem ein Zeichen von Selbstliebe. Hautpflege ist eine Praktik und eine natürliche Folge von Selbstliebe. Wenn du dich liebst, möchtest du das Beste für dich und investierst Zeit und Energie, um dich selbst zu pflegen. Deshalb ist die richtige Hautpflege besonders wichtig und darf keinesfalls vernachlässigt werden.

Tagtäglich muss unsere Haut mit einer Vielzahl an Belastungen zurechtkommen. Schadstoffe, trockene Luft und insbesondere UV-Strahlen können unsere Haut schädigen. Mit der entsprechenden Hautpflege kannst du diesem Prozess äußerlich entgegenwirken. Denn Pflegemittel sind Nahrung für die Haut. Die ideale Hautpflege sollte dem individuellen Hauttyp, dem Lebensalter, dem Hautzustand und dem Verschmutzungsgrad der Haut angepasst sein. Mit einer gezielten und konsequenten Pflege lassen sich Alterserscheinungen hinauszögern und Hautunreinheiten vorbeugen.

Moderne Hautpflege ist viel mehr als nur das Auftragen einer Anti-Aging Creme. Die Hautpflege erfordert Kenntnisse über den eigenen Hauttyp und die äußeren Einflüsse, wie die Jahreszeit, um ein optimales Ergebnis zu erreichen. Auch Menschen mit der besten Haut sind nicht vor Pickelchen, Rötungen oder Pusteln geschützt, wenn sie die Pflege ihrer Haut komplett außer Acht lassen. Manche Frauen bemühen sich außerdem nicht so sehr um ihr Aussehen, vor allem nicht, wenn sie jung sind, nicht viele Unreinheiten haben und einigermaßen gut aussehen. Sie machen sich keine Gedanken, welche Creme sie täglich benutzen. Es muss einfach und schnell gehen. Das geht bis zu einem bestimmten Alter. Danach bekommen sie sehr schnell Falten. Quasi „von heute auf morgen", wie sie sagen.

Warum Hautpflege abends wichtig ist

Kennst du diesen Moment, wenn du extrem müde bist und das Einzige, was du nach einem sehr langen Tag noch tun möchtest, ist schlafen zu gehen? Du weißt genau, dass du noch vorhattest, dich abzuschminken, doch du landest auf einmal mit einem Bein im Bett und möchtest nicht mehr ins Badezimmer gehen.

Der Gedanke mag dir in diesen Situationen nicht gefallen, doch ist er ein wichtiger Schritt zur richtigen Hautpflege: regelmäßiges Abschminken. Viele Frauen neigen dazu, nach einem langen Tag – oder einer langen Nacht – einfach ins Bett zu fallen, ohne zuvor das Make-up zu entfernen. Tendierst du auch dazu? Dann solltest du dir das lieber abgewöhnen. Die gründliche Reinigung des Gesichts trägt maßgeblich zu gesunder Haut bei. Durch das Make-up verstopfen deine Poren und können über Nacht nicht atmen. Die Haut vergisst nichts! Im Laufe der Jahre werden die Spuren unseres gelebten Lebens immer deutlicher sichtbar. Da gibt es die kleinen Lachfältchen um unsere Augen und es kommen die tiefen Falten hinzu, oft Spuren unserer Sorgen und schlaflosen Nächte. Deshalb ist es sehr wichtig, sich auch abends Zeit für die Haut zu nehmen, sich abzuschminken und die richtigen Pflegeprodukte aufzutragen. Schließlich kann mit einer regelmäßigen Pflege dieser Alterungsprozess hinausgezögert werden. Mit einer gründlichen und schonenden Reinigung bleibt deine Haut im Gleichgewicht, so dass die wertvollen Wirkstoffe der Kosmetikprodukte richtig aufgenommen werden können. Dann klappt es auch mit dem schönen, frischen, klaren und sanften Teint.

Viele junge, aber auch ältere Menschen haben eine ungesunde Lebensweise und schieben das Investment in ihre Gesundheit beiseite. Sie vergessen dabei, dass sie früher oder später dafür bezahlen müssen. Welche Lebensqualität hast du, wenn du dich jeden Tag für dein Hautbild schämen musst? Ist es langsam an der Zeit, die Lebensweise zu verändern? Vielleicht jammerst du alltäglich über deine unreine Haut, ständige Müdigkeit, unruhigen Schlaf und Verdauungsstörungen? Du betrachtest es als normal? Dann bist du nicht bereit, die nötigen Schritte zur besseren Lebensqualität zu unternehmen oder kennst diese erst gar nicht. Willst du, dass damit Schluss ist? Sicherlich möchtest du später kein böses Erwachen mit Hautproblemen erleben. Neben der Tatsache, dass du in deine Gesundheit investierst, erhältst du als Ergebnis eine schöne und gesund aussehende Haut. Außerdem reduzierst du das Risiko für verschiedene Krankheiten, welche dich später garantiert viele tausende Euros kosten würden. Also, zögere nicht, fange gleich morgen an, deine Haut zu pflegen.

4.7. Dein perfekter Pflegeplan

Die Haut mit Reinigungsmilch klären

Die Reinigungsmilch ist der erste Schritt deines Pflegerituals. Wasser ist nicht in der Lage, den fettigen Mix von der Haut zu lösen. Dafür benötigt man fettlösende Substanzen, wie sie beispielsweise in Reinigungsmilch enthalten sind. Sie befreit die Haut von Bakterien und Verunreinigungen, Schadstoffen, Kosmetikresten, Hautschüppchen, Schweiß, Fett und Keimen, welche sich im Gesicht ansammeln, und sie bereitet die Haut auf die weitere Pflege vor. Nach der Reinigung sind die Poren frei und geklärt und die Haut kann die Pflegeprodukte viel besser aufnehmen. Außerdem sorgt das sanfte Einmassieren von Reinigungsprodukten für eine bessere Durchblutung der Haut, wodurch diese strahlender und frischer aussieht.

Um Rückstände auf der Haut zu vermeiden, sollte die Haut anschließend gut abgespült werden. Auch der Haaransatz, der Hals sowie das Dekolletee sollten dabei nicht vergessen werden. Danach tupfe dein Gesicht mit einem kleinen Tuch ab. Vermeide dabei bitte, die Haut zu reiben. Starkes Reiben mit dem Handtuch entfernt die natürlich ölige Schutzschicht der Haut und führt oft zu Hautreizungen und Trockenheit.

Es nicht empfehlenswert, Reinigungstücher für die Gesichtsreinigung zu benutzen. Reinigungstücher sind für unterwegs gedacht und trocknen deine Haut aus, wenn du dein Gesicht damit täglich reinigst. Für eine Tiefenreinigung verwende ein- bis zweimal pro Woche ein sanftes Peeling, das abgestorbene Hautschüppchen entfernt und so die Zellerneuerung in Gang setzt.

Du solltest die Haut auf jeden Fall morgens und abends reinigen. Morgens werden abgestorbene Hautzellen abgetragen und die Haut so optimal auf Pflege und Make-up vorbereitet wird. Abends werden Schmutz und Make-up vom Tag entfernt.

- **Reinigung reifer Haut.**
Für die Reinigung reifer Haut sind Wasser-in-Öl Emulsionen bestens geeignet, da diese den Säureschutzmantel der Haut erhalten. Genauso geeignet sind Reinigungscremes, welche beispielsweise mit wertvollen pflanzlichen Ölen, wie Jojoba, Soja oder Süßmandel angereichert sind.

- **Seife nur bei robuster, fettiger Haut.**
Seife gehört zu den alkalihaltigen Reinigungsmitteln und greift somit den Säureschutzmantel an. Für unreine, fettige Haut sind seifenfreie Waschstücke, sogenannte Syndets, besser.

Verwende eine Lotion oder Gesichtswasser

Die Haut ist dir immer für eine Pflege mit einer reichhaltigen Gesichtslotion dankbar und wird diese gerne aufnehmen. Dabei sollte man die Lotion einfach auf ein Wattepad auftragen und damit über das ganze Gesicht gehen. Die Lotion wird niemals abgewaschen! Denn sie hilft, die Wiederaufbauphase des Säureschutzmantels zu beschleunigen, nimmt die Schmutzpartikel weg und stabilisiert den Säureschutzmantel. Danach spannt sich die Haut nicht mehr und fühlt sich ganz frisch an.

Ist dir ein Wattepad zu grob, weil deine Haut sehr sensibel ist, kannst du das Gesichtswasser auch auf deinen Handflächen verteilen und sanft auf die Gesichtshaut legen. So wird unnötiges Reiben verhindert und die Haut errötet nicht.

- **Für empfindliche oder trockene Haut.**
Bei empfindlicher oder trockener Haut ist es ratsam, Gesichtswasser ohne Alkohol, alkoholfreie Tonics oder Thermalwassersprays zu benutzen. Rötungen, Entzündungen und Juckreiz werden so vermieden.

Benutze ein Serum

Was ist das Besondere an einem Serum? Seren sind die neuen Alleskönner in der Welt der Kosmetik. Sie bestehen meist aus hochkonzentrierten Antioxidantien, Hyaluronsäure und hauteigenen Proteinen. So ist ihr Effekt viel stärker als der einer normalen Creme. Und da die Haut nach der Reinigung besonders aufnahmefähig für Wirkstoffe ist, sollte man das Serum direkt danach auftragen. Durch die hohe Wirkstoffkonzentration wirken sie zum einen intensiv und zum anderen direkt. Sie zeichnen sich durch eine leichte Textur aus, wodurch das Konzentrat auch in die tiefen Hautschichten vordringen kann.

Damit die Wirkstoffe der Pflege noch intensiver aufgenommen werden können, empfiehlt es sich, das Serum in die Haut einzuklopfen. Produkte mit hochkonzentrierten Wirkstoffen pushen den Regenerationsprozess und bügeln Fältchen aus. Im Serum sind wichtige zusätzliche Wirkstoffe für bessere Spannungskraft und Elastizität der Haut, aber auch unterstützende Vitamine für die Haut enthalten. Durch das Serum wirken nachfolgende Produkte, wie Augen- und Tagescreme, mehr in die Tiefe hinein. Das Serum verstärkt die Wirkung nachfolgender Creme um das Zehnfache.

Du solltest ungefähr eine Tropfenmenge in die Fingerspitzen geben und mit sanften klopfenden Bewegungen in die Haut wirken lassen. Das Serum zieht sehr schnell ein.

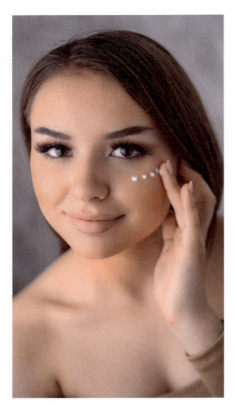

Augencreme auftragen

Die Augenpflege gehört zur täglichen Beautyroutine. Die Haut rund um das Auge ist viel dünner als die übrige Gesichtshaut. Zudem besitzt die Augenpartie wenige Talgdrüsen, sodass die Haut an dieser Stelle schneller an Feuchtigkeit verliert. Deshalb ist es ratsam, eine straffende Augenpflege zu benutzen, welche gleichzeitig auch Fältchen vorbeugt.

Verwende am besten morgens und abends eine Augencreme. Sie enthält Stoffe, welche die Spannkraft der Haut stärken. Über Nacht kann die Creme wunderbar einwirken und Fältchen glätten. Grundsätzlich gilt: Eine Augencreme sollte nicht zu nah am Auge aufgetragen und sollte sanft in die Haut eingeklopft werden. So kommt sie besser zwischen den Fältchen hindurch und verteilt sich einfacher.

Die Tagescreme

Zum Schutz, zur Pflege und als Grundlage für dein Make-up solltest du eine Pflegecreme benutzen, vorzugsweise eine mit UV-Schutz. Die damit verbundene Feuchtigkeitszufuhr erfrischt nicht nur die Haut und hilft bei Unreinheiten, sondern erleichtert auch ein gleichmäßiges Auftragen des Make-ups. Eine Gesichtscreme sollte ganz speziell auf die Haut abgestimmt sein. Nur, wenn eine abgestimmte Creme benutzt wird, kann diese der Haut das geben, was sie wirklich braucht. Eine optimale Gesichtscreme lässt sich schon beim ersten Auftragen auf der Haut erkennen. Sie sollte sich gleichmäßig und einfach auf das Gesicht verteilen lassen und gut einziehen.

Wichtig zu dem Feuchtigkeitsschub ist ein ausreichender Sonnenschutz. Hast du gewusst, dass etwa 80 % der Falten und Hauterkrankungen durch Sonnenlicht entstehen? Diese Zahl spricht für sich: mit etwa 80 % haben die UVA-Strahlen der Sonne den größten Anteil an frühzeitiger Faltenbildung. Sie dringen bis in die zweite Hautschicht, auch Dermis genannt, ein und können dort Zell- und Gewebeschäden verursachen. Verwende deshalb auch bei niedriger Sonnenstrahlung stets eine Creme mit Lichtschutzfaktor, mindestens 20, bei starker Sonnenstrahlung SPF 50. Denn so kannst du die Bildung von Pigmentierungen und Falten im Gesicht verhindern.

- **Begrenzte Haltbarkeit von Cremes beachten.**

Das aufgedruckte Mindesthaltbarkeitsdatum gibt an, wie lange die Cremes bei Zimmertemperatur aufbewahrt werden können, ohne ranzig zu werden bzw. dass sich bei ordnungsgemäßem Gebrauch im Tiegel keine Bakterien bilden.

Feuchtigkeit für fettige Haut

Bei einer fettigen Haut liegt eine Talgüberproduktion vor. Daher sollte bei der Pflege unbedingt darauf geachtet werden, dass der Haut sehr viel Feuchtigkeit, jedoch kein Fett zugeführt wird. Gut geeignet sind leichte Hydrogels oder ein ölfreies Fluid, speziell für die fettige Haut.

Feuchtigkeit für trockene Haut

Feuchtigkeitsspender, wie Ceramide, Hyaluronsäure oder synthetisch hergestellter Harnstoff, schleusen Wasser in die trockene Haut und legen Feuchtigkeitsdepots an. Da sehr trockene Haut von selbst dazu nicht in der Lage ist, empfiehlt sich auch die Verwendung von Feuchtigkeitscremes.

Zellerneuerung mit Vitamin-A-Säure

Im Kampf gegen Falten ist Vitamin-A-Säure ein sehr effektiver Wirkstoff. Problematisch ist jedoch seine irritierende Wirkung. Heute wird der Wirkstoff daher bevorzugt von Hautärzten eingesetzt, um die Haut zu glätten, z. B. bei vorzeitiger Faltenbildung oder auch bei Akne-Narben. Er findet sich nur noch selten oder als gut verträgliche Vorstufe in kosmetischen Präparaten.

Cremes für sensible Haut

Im Fernsehen wurden Sensitiv Cremes verschiedener Kosmetikmarken getestet. Es wurde herausgestellt, dass manche Produkte mit einem „sensitiv" Kennzeichen keine Verbesserung der Haut herstellen, sondern die Sensibilität der Haut sogar beeinträchtigen.

Warum das passiert? Das Wort „sensitiv" ist kein geschützter Begriff und dient nur als Werbeslogan. Ebenso wurden die Wirkstoffe dieser Cremes geprüft. Dabei wurde festgestellt, dass diese Stoffe beinhalten, welche allergisierend wirken und sogar krebserregend sind. Zudem enthalten diese Cremes teilweise Mineralöl und allergieauslösliche Duftstoffe.

Lasse dich deshalb beraten und nicht von irgendwelchen Werbeslogans täuschen, wirf einen Blick auf die Liste der Inhaltsstoffe. Mit dieser erfährst du ganz genau, was die Produkte wirklich beinhalten.

Nachtcreme verwenden

Der Wecker klingelt, du taumelst ins Bad. Vor dem Spiegel streichelst du dich über die Wangen und lächelst deinem erholten, regenerierten und strahlenden Gesicht entgegen. Deine Haut ist glatt, die Augen strahlen. Alles nur ein Traum? Nicht unbedingt. Wenn du die Nacht richtig nutzt, erlebst du kein böses Erwachen. Bedingung ist, dass du auf effektive Unterstützer, wie die Nachtpflege, setzt und jeden Abend deine ideale Beauty-Routine lebst.

Nachts, in der Ruhephase, hat die Haut die größte Ausscheidungs- und Regenerationsphase. Während du schläfst, laufen die Reparaturarbeiten auf Hochtouren. Die Hautzellen erneuern sich und tanken neue Energie. Die Haut gleicht den Feuchtigkeitsverlust aus und baut Kollagen auf. Eine wirkstoffreiche Nachtpflege, welche nach der Reinigung aufgetragen wird, unterstützt sie dabei. Hyaluronsäure polstert den Teint auf, strafft und reduziert die Faltentiefe und Vitamine wirken glättend, schützend und nährend.

Mechanisches Peeling

Verwende bei normaler Haut ein- bis zweimal in der Woche ein mechanisches Peeling. Nicht öfter, denn wenn du das Peeling zu oft verwendest, wird deine Haut empfindlicher. Das hat den Grund, dass jedes Mal die oberste Hautschicht, die Hornschicht, ein Stückchen abgerieben wird.

Wenn du zu trockener und empfindlicher Haut neigst, solltest du das Peeling maximal einmal pro Woche benutzen. Bei fettiger, zu Unreinheiten neigender Haut können zwei Peelings pro Woche sinnvoll sein. Bei der Anwendung solltest du darauf achten, dass du das Peeling am besten auf feuchter Haut aufträgst. Massiere eine kleine Menge des Peelings vorsichtig in kreisenden Bewegungen ein und achte darauf, dass du es nicht länger als eine Minute in deine Haut einarbeitest. Lasse es anschließend ca. 2 Minuten lang einwirken und wasche es sanft mit Wasser ab.

Umstellung auf neue Produkte

Immer wenn du neue Pflegeprodukte ausprobierst, solltest du einiges beachten. Und zwar, kann die Haut nicht ohne weiteres von heute auf morgen umgestellt werden. Es bedarf immer eine Umstellungsphase. Mit dem Beginn der Umstellung der täglichen Hautpflege beginnt für die Haut eine neue Regenerationsphase, die normalerweise ca. 28 Tage dauert. Während der Zellaktivierung ist die Haut intensiv am Arbeiten, denn sie braucht Zeit um sich an die neuen Produkte zu gewöhnen. Die Haut beginnt meist damit, abgelagerte Schadstoffe abzubauen oder nach außen zu schwemmen. Deswegen musst du bei dem Prozess der Hautaktivierung oft natürliche Umstellungserscheinungen in Kauf nehmen.

Zum Beispiel können neue Unreinheiten auftreten, man hat ein starkes Spannungsgefühl in der Haut, es treten Schüppchen auf, die Haut fühlt sich vorrübergehend trocken an oder beginnt sich leicht abzuschälen. Das Wichtigste ist, dass du nur eine Produktmarke ausprobierst und nicht alle verschiedenen Produktmarken miteinander vermischst.

Wenn du nur eine Pflegemarke und Pflegelinie benutzt, sind alle Produkte auf einander abgestimmt und deren Inhaltsstoffe passen zusammen. Aber, wenn du aber Produkte verschiedener Marken mischst, kann es passieren, dass sich bestimmte Stoffe nicht miteinander vertragen. Das kann sich sogar negativ auswirken, obwohl die einzelnen Produkte an sich gut sind. Deshalb ist es wichtig, die Produkte aufeinander abzustimmen und der Haut genug Zeit zu geben, um sich an die neuen Produkte zu gewöhnen.

Du solltest immer geduldig sein. Die besten Ergebnisse wirst du erst nach 90 Tagen auf deiner Haut erkennen, denn so lange braucht die Haut, um sich an die neuen Nährstoffe zu gewöhnen, mit Feuchtigkeit aufzutanken und sich komplett zu regenerieren.

Viele Frauen probieren verschiedene Produkte aus, haben keine Geduld, keine Lust es durchzuziehen und kaufen innerhalb von einem Monat schon wieder neue Pflegeprodukte. Die Haut hatte nicht mal Zeit gehabt, sich daran zu gewöhnen! Danach wundern sie sich, warum sie so viel Geld ausgeben und die neuen Produkte ihnen und der Haut nichts bringen.

4.8. Gesichtsyoga – Das „natürliche Botox"

Zusätzlich zur richtigen Gesichtspflege und einem gesunden Lebensstil hilft tatsächlich Gesichtsgymnastik. Gesichtsyoga ist eine effektive Methode, wie man selbst den Falten entgegenwirken kann. Ohne Cremes und Zauberei. Mit den richtigen Übungen förderst du die Durchblutung deiner Haut und arbeitest der Faltenbildung entgegen. Viele Menschen setzen Schönheit mit jugendlichem Aussehen gleich. Doch, je älter du wirst, desto mehr Elastizität verliert deine Haut. Diese Hautfalten bilden sich im Gesicht und am Hals.

Gesichtsyoga ist das natürliche Training für deine Gesichtsmuskeln und du solltest es auf jeden Fall einmal ausprobieren! Zugegeben, Grimassen zu schneiden kann etwas albern aussehen, wenn man älter ist als zehn Jahre. Doch im Laufe der Zeit machen unsere Gesichtsmuskeln schlapp, wenn sie nicht bewegt werden. Aus Gewohnheit nutzen wir manche Muskeln im Gesicht häufiger, andere seltener. Deshalb wird im Gesichtsyoga durch bestimmte Übungen die Gesichtsmuskulatur gezielt trainiert. Beauty-Experten nennen Gesichtsyoga auch „Yotox".

Wenn du die rund 30 Muskeln in deinem Gesicht konsequent trainierst, macht dich Gesichtsyoga tatsächlich schöner. Am besten integrierst du das Gesichtsyoga in deinen Alltag, zum Beispiel kurz nach dem Aufstehen oder abends nach dem Abschminken. Mindestens drei bis fünf Mal in der Woche solltest du deine Gesichtsmuskeln trainieren. Die Übungen kannst du auch durchführen, wenn du gemütlich auf der Couch sitzt oder im Büro bist. Denn aktive Bewegungsübungen im Gesicht straffen die Muskulatur und lassen sie besser durchbluten. Ebenso erhält die Haut viel mehr Sauerstoff. Dieser Sauerstoff ist vor allem für den hauteigenen Regenerationsprozess wichtig. Die gezielte Mimik hat dauerhafte Wirkung: Mit gezielten Übungen kannst du Tränensäcke verhindern, Mimikfältchen glätten, Stirnmuskeln stärken und dein Gesicht entspannter und strahlender aussehen lassen – kurz gesagt: den sichtbaren Alterungsprozess deiner Haut verzögern. Tiefe

Augenringe, Schatten unter den Augen, hängende Wangenhaut und Fältchen auf der Stirn können Auswirkungen auf deine gesamte Ausstrahlung haben. Wer hingegen ein frisches und strahlendes Gesicht hat, wirkt gleich ganz anders. Gesichtsyoga ist daher nicht nur eine schönere und vor allem entspanntere Alternative zu Botox-Behandlungen und kosmetischer Chirurgie, sondern birgt auch wunderbare Momente der Entspannung und Lockerung, der Entzerrung und Stärkung.

Sei ehrlich: Kämpfst du schon mit zu früh erschienenen Falten? Oder sind sie noch nicht in Sicht? Füge so schnell wie möglich Gesichtsyoga zu deinem täglichen Ritual hinzu, um frühzeitig die Vorteile des Trainings zu nutzen.

Diese Übungen sind sehr hilfreich bei Falten, welche durch die Schwerkraft bedingt sind. Dazu gehören beispielsweise Hängebäckchen, Doppelkinn oder Halsfalten. Sie entstehen durch die nachlassende Festigkeit des Gewebes.

- **Hier sind ein paar Übungen zum Nachmachen:**

Übung zur Stärkuung der Wangenmuskeln

1. Lippen schließen.
2. Wangen einsaugen wie ein Fisch.
3. 8 bis 10 Sekunden halten.
4. Fünf- bis sechsmal wiederholen.

Übung für straffe Wangen

1. Blase deine Wangen auf.
2. Lege die flachen Finger drauf.
3. Versuche die Spannung in den Wangen zu halten, auch wenn du mit den Fingern dagegen drückst.
4. Fünfmal wiederholen.

Übung gegen Stirnfalten

1. Stirn zuerst in Falten legen.
2. Augenbrauen heben und Augen weit öffnen.
3. 8 bis 10 Sekunden halten.
4. Fünfmal wiederholen.

Übung zur Glättung von Schläfen und Stirn

1. Lege die flachen Finger beider Hände auf die Stirn, sodass sich die Fingerspitzen in der Mitte fast berühren.
2. Spanne die Stirnmuskel an, indem du die Stirnhaut bewusst nach oben ziehst.
3. 8 bis 10 Sekunden halten.
4. Fünfmal wiederholen.

Übung für ein straffes Kinn

1. Setze dich aufrecht hin.
2. Lege eine Faust unter das Kinn.
3. Achte während der Übung darauf, dass du das Kinn nicht zu hoch hältst.
4. Öffne den Unterkiefer ein wenig und drücke mit ihm kräftig gegen die Faust.
5. Die Spannung 8 bis 10 Sekunden hatten.
6. Fünfmal wiederholen.

Wichtig ist, dass du diese Übungen drei- bis viermal pro Woche machst.

Übung gegen Augenfalten

Gegen müde Augen, Krähenfüße, Augenringe und geschwollene Augen.

1. Finger auf die Schläfen legen.
2. Augen abwechselnd schnell schließen und öffnen.
3. 8 bis 10 Sekunden blinzeln.
4. Fünfmal wiederholen.

Übung für Mundpartie und Hals

1. Den Kopf in den Nacken legen.
2. Presse die Lippen fest zusammen und schiebe sie nach vorne.
3. Die Spannung 8 bis 10 Sekunden halten.
4. Fünfmal wiederholen.

Wichtig: Übungen drei- bis fünfmal wöchentlich durchführen. Insgesamt reichen 10 Minuten dafür. Bei Falten, die durch die Schwerkraft bedingt sind, sind diese Übungen sehr hilfreich. Dazu gehören z. B. Hängebäckchen, Doppelkinn oder Halsfalten. Sie entstehen durch die nachlassende Festigkeit des Gewebes.

4.9. Welche Auswirkungen hat die Sonne auf unreine Haut?

Grundsätzlich lässt sich sagen, dass Sonneneinstrahlung sowohl positive als auch negative Effekte auf unreine, zu Akne neigende Haut hat. So berichten einige Betroffene, dass Sonne gegen Pickel wahre Wunder bewirkt. Andere leiden besonders in der wärmeren Jahreszeit unter unreiner Haut und Pickelbildungen.

Die positiven Effekte der Sonneneinstrahlung

Die warmen Temperaturen regen den Blutkreislauf sowie die Transpiration an. Über den Schweiß wird der überschüssige Talg an die Hautoberfläche transportiert und kann somit einfacher entfernt werden. Zusätzlich wird die Haut besser mit Sauerstoff versorgt sowie die körpereigene Bildung von Vitamin D angeregt, welches an zahlreichen Prozessen in unserem Körper beteiligt ist.

Die negativen Effekte der Sonne

Durch die UV-Strahlung der Sonne verhornt sich die Haut. Diese Verhornung führt dazu, dass der Talg nicht richtig abfließen kann. Infolgedessen können sichtbare Komedonen und entzündliche Akne-Läsionen entstehen. Bei warmen Temperaturen trocknet der Schweiß an der Hautoberfläche ab und kann die Grundlage für das Wachstum von Bakterien bilden, welche sich dann in den verstopften Talgdrüsen der Haut weiter vermehren. So kommt es zur Pickelbildung. Auch Pigmentstörungen sind ein deutliches Zeichen sonnengeschädigter Haut.

Tipps

Zur Auswahl des richtigen Sonnenschutzes

- Wähle am besten leichte Sonnencremes, Fluids oder Gels mit einem hohen Lichtschutzfaktor, etwa 30 oder 50. Für den Körper reicht meistens ein Lichtschutzfaktor von 30.
- Achte darauf, dass deine Sonnenschutzprodukte keine komedogenen Stoffe enthalten, welche die Haut verstopfen können – dies ist gut an dem Aufdruck „nicht komedogen" zu erkennen.
- Sinnvoll sind Sonnenschutzprodukte, die speziell für unreine, zu Akne neigende Haut entwickelt worden sind.
- Gut ist, Sonnenschutz in die tägliche Hautpflege-Routine zu integrieren durch Verwendung einer Tagescreme mit Lichtschutzfaktor.

Für die Sonnencreme im Gesicht

- Die Schutzwirkung von Sonnencremes nimmt ab, wenn diese in die Haut eingerieben werden. Daher ist es besser, die Creme als dünnen Film sanft aufzutragen.
- Am besten trägst du zuerst die Feuchtigkeitscreme auf, lässt diese gut einziehen und cremst dich anschließend mit der Sonnencreme ein. Umgekehrt können die aktiven Stoffe in der Sonnencreme ihre Wirkung nicht vollständig entfalten.
- Benutze standardmäßig einen Lichtschutzfaktor LSF50. Damit bist du auf der sicheren Seite und schützt deine Haut optimal vor Sonnenbrand und vorzeitiger Hautalterung.
- Sonnencremes sind wahre Wundermittel gegen Falten. Sie schützen nicht nur vor Sonnenbrand und Hautkrebs, sondern sorgen auch für ein jüngeres Aussehen, wenn du sie regelmäßig benutzt.

4.10. Machen dir deine Augenringe Sorgen?

Die Ursachen für dunkle Verfärbungen unter den Augen können unterschiedlichster Natur sein. Die häufigsten Gründe sind Schlafmangel, Stress und eine ungesunde Lebensweise. Aber auch eine Überanstrengung der Augen, altersbedingte Hautveränderungen, Allergien oder gar eine erbliche Veranlagung können lästige Augenringe begünstigen. Mit den nachfolgenden neun Tipps und Tricks verringerst du deine Augenringe:

Augen-Entspannung

Häufiges Arbeiten am Computer oder permanentes Anstarren des Smartphone-Bildschirms kann die Augen ermüden und damit auch für dunkle Augenringe sorgen. Gönne deinen Augen deshalb in regelmäßigen Abständen unbedingt kurze Entspannungen. Eine sehr effektive Augenübung ist das sogenannte „Palmieren". Dabei werden die Augen für zwei Minuten mit den vorgewärmten hohlen Handflächen bedeckt.

Gurken-Booster

Als wohltuender, effektiver und besonders erfrischender Augenringe-Killer erweist sich die Gurke. Schneide von einer Gurke aus dem Kühlschrank ca. 8 bis 10 mm dicke Scheiben und lege diese für 15 bis 20 Minuten auf deine geschlossenen Augen. Die Haut entspannt sich, erhält mehr Elastizität und die Verfärbungen reduzieren sich deutlich.

Gel-Cooler

Eine, im wahrsten Sinne des Wortes, coole Möglichkeit, dunkle Augenschatten weg zu bekommen, sind kühlende Gel-Masken. Meist sind diese im Handel als Gel-Brillen oder Gel-Pads erhältlich. Die Erfrischung für die Haut sollte allerdings im Kühlschrank und nicht im Tiefkühler aufbewahrt werden, denn der Kälteschock würde die ohnehin dünne Haut unter den Augen zu stark belasten. Hast du keine Kühlmaske zur Hand, funktioniert der kleine Frische-Kick übrigens auch mit zwei vorgekühlten Teelöffeln, welche du für 10 Minuten unter die Augen legst.

Quark-Maske

Speisequark eignet sich hervorragend, um Augenringe zu lindern, denn er nährt die feine Hautpartie und entspannt sie gleichzeitig. Für eine erfrischende Quark-Augenmaske gibst du zum kalten Quark (ca. 2 bis 3 EL) einen Spritzer Zitronensaft und ein paar Tropfen Olivenöl. Die Mixtur lässt du für ca. 20 Minuten um die Augen einwirken.

Kartoffel-Kick

Einen ähnlichen Effekt, wie die Gurke, hat auch die Kartoffel. Mit ihrem hohen Anteil an Vitamin C, B1 und B2 stärkt sie das Immunsystem und sorgt für schöne Haut, Haare und Nägel. Für den kurzen Kartoffel-Kick zwischendurch, die rohe Knolle einfach in ca. 8 bis 10 mm dünne Scheiben schneiden und diese für ca. 15 Minuten auf den Augen einwirken lassen.

Teebeutel-Time

Dies war schon zu Großmutters Zeiten ein wirkungsvolles Hausmittel gegen hartnäckige Augenringe: die guten alten Teebeutel. Koche dazu Schwarztee (ohne Aroma, nur purer Bio Schwarztee), lasse diesen ca. 5 Minuten ziehen und drücke die Beutel anschließend vorsichtig aus. Nachdem die Teebeutel komplett abgekühlt sind, legst du sie für etwa 15 bis 20 Minuten auf die Augenpartie. Einen verstärkenden Effekt erzielst du mit gekühlten Teebeuteln. Die im Tee enthaltenen Gerbstoffe lassen die erweiterten Blutgefäße unter den Augen zusammenziehen und vermindern so die lästigen Augenringe.

Last-Minute-Hilfe

Hausmittelchen wirken langfristig zwar zuverlässig gegen die lästigen Schatten unter den Augen, oftmals sind sie aber mit etwas Zeitaufwand verbunden. Sollen die Augenringe nach einer schlaflosen Nacht oder einer sehr stressigen Zeit in Sekundenschnelle verschwinden, hilft nur ein praktischer Concealer. Ob du nun zu einem Concealer in Stift- oder Creme-Form greifst, spielt keine Rolle. Wichtig ist lediglich, dass er zwei Töne heller ist als dein herkömmliches Make-up bzw. dein natürlicher Hautton. Bei einem dunkleren Concealer würdest du die Schatten unter deinen Augen noch verstärken.

Müde Augen erfrischen

Einen halben Teelöffel Kräuter, wie Augentrost, Lindenblüten oder Fenchel, aus der Apotheke mit 125 ml kochendem Wasser übergießen, ziehen und abkühlen lassen. Zwei Wattepads mit dem Sud tränken und auf dem Handrücken ausdrücken, bevor man sie für etwa 10 Minuten auf die geschlossenen Lider legt. Es sind auch fertige Augenpads erhältlich, welche bereits in abschwellenden Wirkstoffen getränkt sind.

Augen-Spa

Geschwollene Augen? Probiere Kompressen mit Sojamilch oder fettarmer Milch. Wattepads in kalte Milch tauchen und anschließend zehn Minuten auf die Augen legen. Milchfett und -säure wirken beruhigend, die Eiweißstoffe fördern die Elastizität der Haut und Milchzucker spendet Feuchtigkeit.

4.11. Dekorative Kosmetik

33 % der Frauen glauben, ihr Partner hätte sich nicht in sie verliebt, wenn sie kein Make-up getragen hätten. – Quelle: ElitePartner

Zu guter Hautpflege gehört auch schönes Make-up, denn attraktive Frauen wissen: Dem Aussehen kann ein bisschen nachgeholfen werden. Denn Make-up sollte nichts Kompliziertes sein, sondern Spaß machen. Deshalb habe ich für dich eine Make-up-Routine zusammengestellt. Wenn du die Schritte, Reihenfolge und richtige Anwendung kennst, kannst du dir täglich innerhalb von 10 bis 15 Minuten einen schönen Look verschaffen.

Beim Schminken gilt: Übung macht den Meister. Probiere hierzu Verschiedenes zuhause aus. Plane bei deinen ersten Versuchen mit Make-up daher immer zusätzliche 10 Minuten in deinem Terminkalender ein. Es lohnt sich, weil du für den ganzen Tag gut gewappnet sein wirst. Wenn trotzdem etwas schief geht, weißt du genau, dass das nicht an deinem Aussehen lag! Natürlich gibt es verschiedene Anlässe – mal ist man weniger, mal ist man stärker geschminkt. Ich möchte dir in diesem Buch jedoch die Grundlage zeigen, mit welcher du dir jeden möglichen Look verschaffen kannst.

Make-up beginnt mit einer gründlichen Vorbereitung der Haut. Dafür sollte die Haut vor dem Schminken immer gereinigt und mit einer Tagespflege eingecremt sein. Es macht daher Sinn, sich nach der Hautpflege-Routine zu schminken, um das beste Ergebnis zu erziehen. Denn dies ist die Basis für eine ebenmäßige und strahlende Grundierung.

Schritt 1 – Foundation

Wenn ein Produkt wie ein Asteroid einschlagen kann, dann ist das Foundation. Einmal ausprobiert, wirst du es dir immer wieder wünschen. Damit bekommst du ganz schnell und einfach einen tollen, matten Teint, welcher den ganzen Tag halten kann. Die Unebenheiten und Rötungen werden kaschiert und deine Haut fühlt sich danach reichhaltig an.

Die Farbe deines Make-ups sollte dem Hautton entsprechen, um die Gesichtsfarbe ganz natürlich erscheinen zu lassen. Deshalb trage vor dem Kauf einer Foundation die verschiedenen Töne mit einem Strich auf deine Wange oder Hand auf und teste sie. Nimm dir dabei genug Zeit, die richtige Farbe zu finden.

Es ist nicht schwer, das Make-up richtig aufzutragen, am besten lässt es sich mit einem Pinsel oder einem Schwämmchen verteilen. Die einfachste und schönste Applikation erreicht man mit einem Schwämmchen. Gib dir dafür einen haselnussgroßen Tropfen Foundation auf den Handrücken und tupfe diesen mit dem Schwamm auf die Haut. Das Wichtige dabei ist, die Foundation nicht zu schmieren, sondern zu tupfen.

Schritt 2 – Concealer

Eines der wichtigsten Make-up-Produkte ist ein Concealer. Er ist ein sehr effizientes und flexibles kleines Produkt, das auf vielfältige Weise verwendet werden kann. Es wird einen großen Unterschied in deiner Make-up-Routine ausmachen, wenn du weißt, wie du die beste Deckkraft erzielen kannst. Eine winzige Menge Concealer reicht aus, um deine Hautprobleme abzudecken. Vor allem ist ein Concealer hilfreich, um Augenringe, Hautirritationen und eventuelle Hautverfärbungen auszugleichen. Dafür wählst du ein bis zwei Nuancen heller als deinen Hautton. Tupfe es mit einem Schwämmchen vorsichtig in die Haut ein.

Da Concealer eine höhere Deckkraft als Make-up haben, können sie verwendet werden, um große Pickel und Unreinheiten zu kaschieren. Dafür trägst du ein wenig Concealer auf die betroffenen Stellen in der Farbe deiner Haut auf. Deckst du es mit einem helleren Concealer ab, machst du die Pickel umso sichtbarer. Achte deshalb immer darauf, die passende Farbe für deinen Hautton zu finden.

Schritt 3 – Gesichtspuder

Im Anschluss an die Grundierung pudere das gesamte Gesicht ab. So schaffst du die Grundlage für ein langhaltendes Make-up. Denn einmal gut gepudert ist besser als dreimal nachgepudert. Trage ruhig mehr Puder auf, um länger matt auszusehen.

Eine Methode, um den ganzen Tag matt und abgepudert zu sein, ohne sich nachpudern zu müssen, ist das sogenannte „Baking". Dabei trägt man eine dicke, sichtbare Schicht losen Puder auf und lässt diese sich für ein paar Minuten setzen. In der Zwischenzeit trägt man beispielsweise sein Lidschatten auf. Wenn die Zeit vergangen ist, werden die Reste des Puders mit einem Pinsel sanft entfernt. Zurückgelassen wird eine mattierte und scheinbar porenlose Haut.

Schritt 4 – Rouge

Rouge ist ein absolutes Make-up-Muss und ein Produkt, das einen großen Unterschied in der Make-up-Routine machen kann. Es verleiht dem Gesicht ein frisches, gesundes Aussehen und sorgt für Kontur. Man kann mit Rouge so viele verschiedene Effekte auf der Haut erzielen, je nachdem, wo man es einsetzt.

Verwende einen Rouge-Pinsel und trage das Rouge über den Wangenknochen auf. So erhältst du gleichzeitig einen kostenlosen Lifting-Effekt der Wangenknochen. Achte jedoch darauf, dass du die Farbe langsam aufträgst, damit keine roten Flecken entstehen.

Schritt 5 – Lidschatten

Ein schönes Augen-Make-up sorgt nicht nur für eine tolle Ausstrahlung, es geht auch viel leichter als du denkst. Die Augen bekommen sofort mehr Ausstrahlungskraft, wenn du Lidschatten benutzt. Trage Lidschatten deshalb in zwei einfachen Schritten auf: Trage zuerst den hellen Ton auf dem beweglichen Augenlid bis zur Augenfalte auf. Streiche anschließend den dunkleren Ton auf dem äußeren Augenlid auf.

Der Beautymarkt bietet jeder Frau den richtigen Lidschatten an. Doch nicht jede Farbe bringt unsere Augen zum Leuchten. Du erfährst nun welche Farbtöne deine Augen zum Strahlen bringen und wovon du die Finger lassen solltest.

Welche Lidschattentöne passen zu welcher Augenfarbe? Grundsätzlich gilt: Komplementärfarben zur eigenen Augenfarbe wirken besonders ausdrucksstark und intensiv. Dabei handelt es sich um Farbenpaare, die sich im Farbkreis genau gegenüber stehen.

- **Welcher Lidschatten passt zu blauen Augen?**

Wer blaue Augen hat, kann sie mit Make-up betonen. Folgen wir dem Farbkreis, sind die komplementären Farben für blaue Augen: Terracotta-Braun oder Apricot. Diese Farben bringen die Augen richtig schön zum Strahlen. Auch Violetttöne hellem Flieder bis Dunkellila sind ideale Farben, um blaue Augen gekonnt in Szene zu setzen. Und statt dunkle Smokey-Eyes lieber mit Gold-, Braun- und Rosetönen schminken. Schwarzer und grauer Lidschatten könnte zu der hellen Iris zu kontrastreich sein. Auf blaue und grüne Farben solltest du verzichten, denn sie konkurrieren mit der Iris und die Leuchtkraft geht verloren.

- **Welcher Lidschatten passt zu grünen Augen?**

Grüne Augen sind etwas ganz Besonders: Nur vier von hundert Frauen haben diese Augenfarbe. Wenn du ein neutrales Make-up suchst, das die grünen Augen zum Leuchten bringt, dann greif zu Bordeaux-

oder Mauve-Tönen. Auf den ersten Blick wirken sie dunkel wie Braun, bei näherem Hinsehen kommt der Violett-Anteil aber deutlich hervor. Auch zarte Rosé- und Goldtöne sind ideale Lidschattenfarben, um ein Tages-Make-up zu kreieren.

Wenn es für den Abend ein wenig mehr Farbe sein soll, kannst du dunkles Violett, Grau und Schwarz für einen sexy Smokey-Eyes-Look benutzen. Für einen edlen und glamourösen Touch kannst du Lidschatten in Gold und Bronze ausprobieren.

- **Welcher Lidschatten passt zu braunen Augen?**

Braune Augen haben die Qual der Wahl! Braun ist eine Mischung der Primärfarben. Das bedeutet: Es gibt unglaublich viele Kombinationsmöglichkeiten.

Für den natürlichen Tages-Look kannst du mit braunen Augen softe Brauntöne, Taupe oder Apricot tragen. Metallic-Lidschatten in Gold oder Bronze setzen die richtigen Highlights am Abend. Auch Nachtblau und ein dunkles Marineblau sind ein spannender Kontrast zur braunen Iris und die idealen Farben für einen mystischen Smokey-Eyes-Look. Sanfte Nuancen in Violett sind außerdem eine gute Wahl für braune Augen.

- **Welche Lidschatten passen zu zweifarbigen Augen?**

Frauen mit außergewöhnlichen Augen sollten diese Besonderheit beim Augen-Make-up deutlich hervorheben.

Die Augen kommen besonders gut zur Geltung, wenn vorher ein heller Lidschatten aufgetragen wird. Den Lidschatten auch im inneren Winkel des Auges und unter dem Wimpernkranz auftragen. Der Lidschatten kaschiert Rötungen und hellt die Augen auf, wodurch die besonderen Augenfarben noch besser sichtbar werden. Du kannst auch ein farbiges Augen-Make-up verwenden. Nude- und Lila-Töne passen zu nahezu jeder Augenfarbe und sind daher besonders gut für zweifarbige Augen geeignet. Hierfür wird ein Lidschatten im hellen Lilaton auf dem beweglichen Lid aufgetragen und nach oben hin ausschattiert. Einen etwas dunkleren Lilaton, der am Wimpernkranz aufgetragen wird, öffnet das Auge. Danach die Augen mit einem schwarzen Kajal und Eyeliner umranden und die Wimpern mit einem schwarzen Mascara kräftig tuschen.

- **Frauen, die einen Farbton in ihrem Auge hervorheben wollen,** wählen einen Lidschatten in identischer Farbe. Ist ein Auge zum Beispiel blau und das andere braun und es wird ein blauer Lidschatten verwendet, kommt der Hingucker der zweifarbigen Augen besonders stark zur Geltung.

- **Welche Farben sind die Richtigen für dich?**
Ein gutes Make-up passt zum Farbtyp seiner Trägerin. Welche Farben zu dir passen, kannst du in einem einfachen Versuch selbst herausfinden. Dazu benötigst du nur Seidentücher in unterschiedlichen Farben und einen Spiegel. Nun stelle dich vor den Spiegel und drapiere die Seidentücher abwechselnd so um den Hals, dass sie das Gesicht einrahmen.

Schnell wirst du feststellen, dass es Farben gibt, die dich strahlen und um Jahre jünger erscheinen lassen. Im Gegensatz hierzu gibt es auch Farben, die dich müde und abgespannt erscheinen und um Jahre altern lassen. Diese Farben führen dazu, dass die ersten Fältchen und jede Unebenheit der Haut unvorteilhaft betont werden.

- **Wie das Augen-Make-Up zum Outfit passt.**
Für einen perfektes Aussehen ist es auch wichtig, das alle Komponenten der Gesamterscheinung zueinander passen. Um die richtige Farbe für dein Augen-Make-up zu ermitteln, orientiere dich am besten auch an der Kleidung, die du trägst. Es sieht immer besonders harmonisch aus, wenn sich ein Farbton der Kleidung im Augen-Make-up wiederholt.

- **Große Augen schminken.**
Wenn du deine schönen großen Augen mit Make-up so richtig zum Strahlen bringen willst, dann kannst du zu dunklem Eyeliner greifen. Ein feiner dunkler Rahmen lässt die Augen minimal kleiner wirken, setzt sie dadurch aber auch wunderschön in Szene. Dazu den schwarzen Stift auf der Wasserlinie rund um das Auge auftragen und, wenn man möchte, kann man noch zusätzlich Eyeliner auf den oberen Wimpernkranz geben.

- **Kleine Augen größer schminken.**
Wenn du deine Augen zu klein findest und sie größer wirken lassen möchtest, dann wähle lieber einen weißen Stift. Der öffnet den Blick und lässt die Augen dadurch größer aussehen.

Trage den hellen Kajal auf die untere Wasserlinie auf – dadurch wirkt das Auge gleich viel wacher und strahlender. Ein absolutes No-Go bei kleinen Augen sind übrigens dicke Lidstriche. Die erdrücken das Auge und lassen es kleiner wirken.

- **Mandelförmige Augen schminken.**
Du hast mandelförmige Augen? Wie toll! Denn diese spezielle Form ist ideal um Eyeliner aufzutragen. Ob Flüssig-Eyeliner, schmale oder breite Lidstriche – mandelförmige Augen sind die perfekte Form für jede Umrandung. Wenn du magst, dann verpasse dem auslaufenden Lidstrich-Ende doch mal einen dynamischen Schwung. Das sorgt für einen besonderen Wow-Effekt.

- **Eng beieinander stehende Augen schminken.**
Wenn deine Augen eng beieinander stehen, kannst du mit einigen Tricks mehr Platz zwischen den Augen mogeln. Das gelingt am besten, wenn du deine Augen nach außen hin stärker betonst. Eyeliner trägst du dafür nur auf den äußeren Wimpernkranz auf.

Gib hellen und schimmernden Lidschatten in den inneren Bereich der Augen. Nach außen hin sind dunkle und matte Farben am besten. So verleihst du eng beieinander liegenden Augen optisch mehr Weite. Wenn du Eyeliner auftragen willst, dann nur auf die äußeren Bereiche. Setze den Stift also erst in der Mitte des Wimpernkranzes an und ziehe die Linie zum äußeren Lidrand. Je weiter du den Eyeliner nach außen ziehst, desto mehr werden die Augen optisch auseinander gezogen.

- **Weit auseinander stehende Augen schminken.**

Bei weit auseinander stehenden Augen gilt das Prinzip genau umgekehrt. Hier werden die inneren Augenbereiche mit dunklen Nuancen betont. Um die Augen näher aneinander zu bringen, kannst du den Lidstrich vom Augeninnenwinkel bis zur Mitte dicker ziehen und nach außen hin dünner auslaufen lassen.

- **Tiefliegende Augen schminken.**

Um tiefliegende Augen optisch hervorzuheben, solltest du das bewegliche Lid mit einem hellen Lidschatten akzentuieren. Beim Eyeliner auftragen solltest du die Farbe Schwarz vermeiden und stattdessen zu Farben wie Anthrazit, Braun oder Olivgrün greifen. Das hebt die tiefliegenden Augen optisch hervor.

- **Schlupflider schminken.**

Bei Schlupflidern ist der bewegliche Teil des Augenlids unter das obere Lid ‚geschlüpft' und es stellt sich oft die Frage: Wie schaffe ich, meine Augen offener und größer wirken zu lassen? Gib dazu hellen, schimmernden Lidschatten auf die beweglichen Augenlider. Trag anschließend auf dem oberen Augenlid sowie in der Lidfalte einen dunkleren Ton auf. So tritt das Schlupflid optisch zurück.

Schritt 6 – Lidstrich

Trage den Lidstrich mit einem Eyeliner oder einem Kajal über dem oberen Wimpernrand auf. Decke den Lidstrich leicht mit Lidschatten ab, so sieht es nicht zu hart aus.

Flüssige Eyeliner sind dafür bekannt, dass sie sehr lange halten, vor allem, wenn es ein hochwertiger Eyeliner ist, der wisch- und wasserfest ist. Um den flüssigen Eyeliner vom Augenlid zu entfernen, brauchst du einen öligen Make-up-Entferner.

Tipp

Schwarzer Eyeliner lässt die Augen kleiner wirken. Deshalb sollte bei starken Schlupflidern lieber kein Eyeliner verwendet werden.

Schritt 7 – Augenbrauen

Augenbrauen schminken ist aufwändig, aber sehr wirkungsvoll. Denn der Verlauf der Augenbrauen ist für den Gesichtsausdruck und die Mimik entscheidend. Zudem rahmen die Augenbrauen das Gesicht ein und sollten daher unbedingt betont werden. Trage ein wenig Farbe mit einem Augenbrauenstift auf die Enden deiner Brauen auf. So wird das Gesicht geöffnet und du siehst frischer sowie jünger aus.

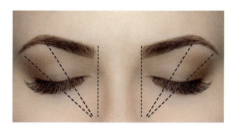

Lege einen Stift als „Führungslinie" an, um die richtigen Punkte zu bestimmen (s. Bild). Wenn die drei Basispunkte gesetzt sind, verbinde diese mit kleinen leichten Strichen, und zwar so, dass die Augenbrauen an der Außenseite füllliger sind und nach vorne hin fein auslaufen.

- **Linie 1.** Beim Vermessen der Augenbrauen beginnt die Braue bei der verlängerten Verbindungslinie von Nasenflügel und innerem Augenwinkel.
- **Linie 2.** Sie endet an der verlängerten Linie zwischen Nasenflügel und äußerem Augenwinkel.
- **Linie 3.** Die Braue sollte zwei Drittel ansteigen und ein Drittel abfallen. Der Höchste Punkt liegt in der verlängerten Linie zwischen Nasenflügel und Pupille.

Schritt 8 – Wimperntusche bzw. Mascara

Wimperntusche verleiht auch dünnen Wimpern ein voluminöses Aussehen. Um ein optimales Ergebnis zu erzielen, trage die Wimperntusche zuerst oben mit leichten Zick-Zack Bewegungen und möglichst dicht am Wimpernrand auf. Nach ausreichender Trocknung tusche auch die unteren Wimpern.

Beim Kauf einer Mascara solltest du auf folgendes achten:

- **Der Preis**
Teuer heißt nicht immer gut.

- **Das Versprechen**
Definiert, verdichtet, voluminös, extralang, tiefschwarz – die Namen der Produkte verraten oft den Effekt und erleichtern die Wahl.

- **Die Textur**
Cremig und auf keinen Fall klumpig – die Konsistenz der Mascara ist ausschlaggebend. Du erkennst sie, wenn du das Bürstchen herausziehst und schaust, wie sich die Farbe darauf verteilt.

- **Das Bürstchen**
Für Definition und Präzision sorgen kleine und feine Bürsten. Sie kommen auch an die kürzesten Härchen heran. Für mehr Volumen und Fülle wiederum, sind größere Bürstenköpfe ideal, beispielsweise in S-Form.

Neben der Pflege ist das korrekte Abschminken der Wimpern enorm wichtig. Man sollte keinesfalls aggressive Reinigungsprodukte verwenden, denn sie können die Wimpern stark austrocknen und sogar zum Bruch der feinen Härchen führen. Empfehlenswert sind vor allem ölhaltige Makeup-Entferner sowie Kokosöl, welche wasserfeste Mascara sanft entfernen.

Schritt 9 – Lippenkonturenstift

Möchtest du farbige Lippen haben, umrande sie zuerst mit einem Lippenkonturenstift. So verläuft der Lippenstift nicht und der Mund wirkt voller sowie definierter.

Für einen klassischen Look empfiehlt es sich, Konturen- und Lippenstift Ton in Ton zu wählen. Fühlst du dich sicherer, kannst du gut mit mehreren Farben spielen. Eine dunklere Farbe rundherum wirkt leidenschaftlich und mysteriös.

Schritt 10 – Lippenstift

Der Lippenstift gibt dem Gesicht einen besonderen Ausdruck und verleiht den Lippen Schutz und intensive Pflege. Die Lippen werden mit zarten Farben akzentuiert und wirken somit schön natürlich.

- **Matt**
Jahrelang war matt extrem angesagt. Jetzt kommt der Hochglanz zurück – ebenso bleibt die matte Variante. Innovative Rezepturen trocknen nicht aus und halten ewig.

- **Glänzend**
Ob feste oder flüssige Textur, von zartem Shine bis Spiegelglanz: Lippen mit Schimmer sind immer sinnlich und attraktiv. Pflegende Inhaltsstoffe machen sie geschmeidig und weich. Die Texturen schmelzen sanft auf den Lippen.

- **Metallisch**
Glitzer ist zu viel? Wie wäre es mit ‚Metallics'? Besonders schön wirkt dieser Effekt in rötlich braunen Tönen, wie Bordeaux, Aubergine oder Rosine.

- **Welcher Lippenstift passt zu heller Haut und blonden Haaren?**
Helles Rosé, zartes Pink oder zarte Pfirsich-Nuancen sind am besten für helle Hauttypen geeignet. Sie betonen lediglich die hauteigene Lippenfarbe und wirken bei einer Porzellanhaut und hellen Haaren natürlicher als harte Kontraste, die durch dunkle Lippenstifte entstehen würden.

- **Welcher Lippenstift passt zu heller Haut und braunen oder schwarzen Haaren?**
Hast du einen Porzellanteint und Haare wie Ebenholz? Dann sehen kräftig rot geschminkte Lippen atemberaubend aus! Für den Alltagslook sind Lippenfarben im Nude-Look auch eine schöne Alternative.

- **Welcher Lippenstift passt zu heller Haut und roten Haaren?**
Der natürlichen rothaarigen Schönheit stehen besonders Lippenstifte in Braun- und Orangetönen. Frauen mit vielen Sommersprossen können Lippenstifte in allen Orange-Nuancen – von Apricot bis hin zu Koralle tragen. Auch Nudetöne mit etwas Gloss sind für Frauen mit roten Haaren und hellem Teint eine sichere Wahl.

- **Welcher Lippenstift passt zu dunkler Haut und blonden Haaren?**
Blonde Haare mit dunklem Teint harmonieren mit dunklen Lippenstiften eher weniger. Lieber Nuancen wie Gold, Nougat oder Karamell wählen. Sie unterstreichen die Sommerbräune und bringen dabei auch die blonde Mähne schön zur Geltung.

- **Welcher Lippenstift passt zu dunkler Haut und braunen Haaren?**
Wer dunkle Haare und einen gebräunten Teint hat, kann bei Lippenstift-Farben aus dem Vollen schöpfen. Zum Typ passen sowohl satte Rottöne, als auch tiefe Beerentönen und dezente Nude-Lippenstifte.

Weinrot, Dunkelrosa, Schokobraun oder Brombeerfarben bringen dunkle Haut mit braunen Haaren schön zur Geltung. Für extravagante Looks eignen sich Orange oder Lachsrot.

Vermeiden solltest du dagegen Lippenstifte mit bläulichen Tönen. Auch mit hellen Violett-Nuancen solltest du aufpassen. Besser zur dunklen Variante greifen!

Tipps

Zum Lippenschminken:

- Damit nichts von der Farbe auf den Zähnen landet, den Mund zum O formen, den Zeigefinger hineinstecken und vorsichtig herausziehen. Der Überschuss bleibt so am Finger hängen.
- Wie verläuft die Farbe nicht? Vorab ein wenig Foundation auf die Lippen tupfen, dies füllt kleine Linien auf, in denen sich die Farbe absetzen kann.
- Volle Lippen sind der Traum vieler Frauen. Mit etwas hell schimmerndem Lidschatten auf dem Lippenherz und etwas Gloss auf den Unterlippen zauberst du Volumen.

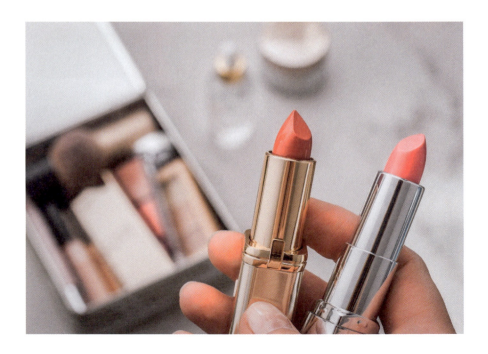

Tipps

Für Brillen-Trägerinnen

Beim Augen-Make-up sollen Brillenträger nicht übertreiben. Ein simpler Lidstrich wirkt viel effektvoller als aufwendig geschminkte Smokey Eyes. Je nach Fehlsichtigkeit, gibt es ein Paar Feinheiten zu beachten:

- **Weitsichtig.**
Wer für kurze Distanzen eine Sehhilfe benötigt, hat die Herausforderung, dass die Brillengläser die Augen optisch vergrößern. Hier ist es besonders wichtig, das Make-up exakt aufzutragen, da jeder Patzer noch deutlicher zu sehen ist.

Matte Lidschatten und dunkle Farbtöne verringern diesen Vergrößerungseffekt.

Der Lidstrich soll nicht länger sein als der Rahmen der Brille breit ist, so wirkt er schön harmonisch. Schwarze Mascara definiert die Wimpern und sorgt für einen wachen Blick.

- **Kurzsichtig.**
Hier ist es genau anders herum. Die Augen erscheinen mit der Brille kleiner. Um den Blick zu öffnen, sind daher helle Nuancen im Zusammenspiel mit dunkler Mascara perfekt, welcher die Wimpern trennt und ihnen Schwung verleiht.

Lidschatten in zarten Nude-Tönen und hellen Nuancen sind vorteilhaft, weil sie das Auge optisch öffnen und strahlen lassen. Ideal dazu passt mattierendes und beruhigendes Make-up für ölige Haut.

Lidschatten mit Schimmer Effekt, den man punktuell im inneren Augenwinkel aufträgt, betont die Augen natürlich. Zum Schimmer passen zusätzlich Lippenstifte in leuchtenden Farben.

Make-Up: Hygiene ist sehr wichtig

- Du solltest auf ein ordentliches Abschminken achten. Über die Nacht regeneriert und erneuert sich die Haut. Alte Hautzellen und Talg können die Poren verstopfen und am nächsten Morgen für unschöne Pickelchen und erweiterte Poren sorgen. Lieber vom Kinn in Richtung Stirn abschminken, denn so zieht man die Haut nicht weiter nach unten und verhindert das Hängen.

- Die Reinigung des Make-Up Pinsels ist extrem wichtig, weil sich hier Hautschüppchen, Talgreste und Bakterien ansammeln. Diese Überreste wirst du täglich wieder auf das Gesicht schmieren und es verunreinigen, falls du das nicht abträgst.

- Flüssige, Gel-artige Produkte laufen schneller ab – besonders auf Mascaras gut achtgeben. Auch wenn es schwerfällt, solltest du dich nicht schlecht fühlen, eine Mascara nach 6 Monaten zu entsorgen. Lipglosse, Eyeliner, Cremelidschatten sind alle wunderschön, aber leider auch viel schneller bakterienbefallen als Puderprodukte.

- Sortiere das Make-Up in deiner Sammlung und miste aus. Gehe deine Sammlung durch und sei vielleicht etwas strenger bzw. ehrlicher mit dir selbst: Du liebst alle 13 Eyeliner? Behalten! Der 16te Lippenstift in Rosé löst nur noch ein schwaches Lächeln aus? Weg damit.

- Ein paar Hilfsmittel für die richtige Make-Up Hygiene sind Pinselreiniger, Seife, Brillenputztücher, Kosmetiktücher, Alkohol, eine Sprühflasche ist auch praktisch, eine leere Box und Mikrofasertücher. Nehme dir sich mindestens einmal im Monat Zeit, um die Pinsel zu reinigen und den Schminktisch zu desinfizieren. Das ist sehr wichtig, weil Bakterien und kleine Tierchen dein Make-Up befallen können.

Interviews mit Promis

Welche Geheimnisse haben erfolgreiche Frauen? Waren sie schon immer so schön und selbstbewusst, wie sie auf Zeitschriften, in Instagram, auf YouTube oder Facebook erscheinen?

Ich habe vier bekannte Frauen aus verschiedenen Altersgruppen interviewt, die in ihrem Leben besonders viel erreicht haben.

Nutze die Erfahrungen dieser Frauen, um dich zu inspirieren und auch deine Persönlichkeit zu entwickeln und zu entfalten.

Was bewegt diese Frauen zu ihrem Erfolg?

Interview mit Isabella Müller

Genieße den Augenblick, denn der Augenblick ist dein Leben. Es gibt keinen Weg zum Glück. Glücklich-Sein ist der Weg.

Buddha

Sie ist ein deutsches Model, eine TV Moderatorin und Reporterin der Fashion Vibes zur Fashion Week Milano seit 2019.

Außerdem ist Isabella eine bekannte Influencerin mit 1,1 Millionen Followern auf Instagram und Städtereisen-Bloggerin mit 1.100 besuchten Orten. Zudem hat sie ein Studium im Studiengang Diplom Pädagogik abgeschlossen, ist eine pädagogische Leiterin in einem Hilfsprojekt für Jugendliche mit Lernschwäche und Jugendlichen sowie Erwachsenen mit Behinderung und unterstützt das Projekt „Aktion – welt kinder hilfe".

@isabella_muenchen

Du bist so jung und hast so viel erreicht! Mit deiner Arbeit konntest du vielen Kindern, Jugendlichen und Erwachsenen helfen und die Welt zu einem besseren Ort machen. Was bewegt dich, so engagiert zu sein? Woher holst du deine Kraft und Energie dafür?
Mein persönlicher Ansporn ist es, auch wenn es kitschig klingen mag, die Welt auch nur ein kleinwenig zu verbessern. Meine Kraft und Energie hole ich tatsächlich aus meinem Blog, vielmehr aus dem Schreiben über meine Erlebnisse. Durch dieses Reflektieren wird mir bewusst, wie wundervoll unsere Welt ist und welche kulturellen Schätze wir besitzen.

Du verbringst gerne Zeit mit Kindern und unterschützt große Hilfsorganisationen für Kinder. Kannst du ein bisschen mehr darüber erzählen?
Ich unterstütze die Hilfsorganisation „Weltkinderhilfe" mit Spenden, welche aus Erlösen über die Internetplattform Shoutout.de generiert werden, einer Plattform für personalisierte Videogrüße. Des Weiteren bin ich als Testimonial für die Hilfsorganisation „Alzheimer's Research" in den UK und „Warriors of Purpose" in den United States, welche sich gegen Mobbing an Schulen einsetzen, tätig. Dies alles ehrenamtlich.

Seit wann bist du eine Influencerin?
Ich bin schon seit Oktober 2015 auf Instagram und Social Media tätig. Nicht, um damit Geld zu verdienen, sondern um die Plattform für bedürftige Organisationen sowie meinen persönlichen, nicht kommerziellen Blog zu nutzen.

Was würdest du jungen Frauen raten, wenn sie auch Influencer werden wollen?
Ich würde jungen Frauen immer raten, zuerst einen Schulabschluss zu machen und eine Ausbildung oder ein Studium zu beginnen – und dieses natürlich zu beenden. Eine grundsolide Basis sichert den Le-

bensunterhalt ab und Social Media kann immer nebenbei betrieben werden. Denn das normale Leben spielt sich nicht in Social Media ab.

Was würdest du den jungen Frauen empfehlen, welche die ganze Zeit schöne Frauen in den sozialen Medien sehen?
Sich vor Augen zu halten, dass es sich um gefilterte und perfekt inszenierte Fotos handelt und diese oftmals wenig mit der Realität zu tun haben. Darum finde ich es gut, dass beispielsweise ab Sommer 2022 in Norwegen retuschierte Fotos in der Werbung gekennzeichnet werden müssen, um so dem Schönheitswahn entgegenzuwirken.

Was glaubst du, was die größten Probleme sind, welche Jugendliche zum Thema Schönheit und Selbstliebe haben? Wie können sie lernen, sich mehr zu lieben?
Persönlich glaube ich, dass viele Jugendliche sich mit bekannten Personen aus Social Media vergleichen und versuchen, diesen nachzueifern. Dabei vergessen sie aber, dass diese Personen sich perfekt in Szene setzen, ihre Fotos mit Beautyfiltern bearbeiten und in der Realität genauso unperfekt sind, wie jeder von uns. Und ganz ehrlich: Wer will schon eine Kopie eines anderen sein? Das Besondere liegt doch in unserer Einzigartigkeit!

Wie kamst du darauf, Pädagogik zu studieren? Was gefällt dir daran?
Ich wollte schon immer Kinder unterrichten und diese lerntechnisch unterstützen. Darum habe ich während meines Studiums in einem Nachhilfeinstitut gearbeitet. Denn Kinder und Jugendliche sind unsere Zukunft und gehören gefördert und ganzheitlich unterstützt. Darum habe ich dieses Studium gewählt, um Kinder positiv auf das Leben vorzubereiten und Wissen, gepaart mit Selbstliebe zu vermitteln.

Welchen Ratschlag würdest du deinem jugendlichen Ich geben?
Mehr auf eigene Instinkte zu hören.

Warst du schon immer selbstbewusst? Wie hast du dein Selbstbewusstsein erlangt?
Ich war ein sehr schüchternes Mädchen, was an meiner streng religiösen Erziehung lag. Erst nach meinem Abitur und Studium habe ich gelernt, selbstbewusst durchs Leben zu gehen, mich selbst zu lieben, so wie ich bin und eine positive Denkweise zu entwickeln.

Was können Frauen tun, um selbstbewusster vor der Kamera zu stehen?
Mir hilft einfach eine gute Vorbereitung. Darum schreibe ich mir vorab Notizen auf, wenn ich Menschen interviewe. Dieser rote Faden hilft mir und macht mich sicherer. Auch Anmoderationen schreibe ich auf und übe diese dann durch lautes Sprechen vor dem Spiegel. Diese Übungen und Vorbereitungen haben mir bis jetzt immer geholfen und sind meine Tipps für ein sicheres Auftreten vor der Kamera.

Was können Frauen im Alltag tun, um sich schöner zu fühlen?
Um mich schön und gut zu fühlen, hilft mir, eine wohlduftende Körpercreme nach dem Duschen aufzutragen und mich rundum zu pflegen. Das sind für mich Streicheleinheiten für die Seele, genauso wie gutes Essen und ein Powerspaziergang in der Natur. Sich selbst etwas Gutes tun und sich Zeit für sich nehmen, sind wahre Wunderwaffen, um sich schön zu fühlen.

Was sind deine drei besten Tipps für äußerliche und innere Schönheit?
Dankbarkeit für alles Positive in meinem Leben, ausreichend Schlaf und gesundes Essen.

Du bist die Moderatorin der Fashion Vibes zur Fashion Week. Was sind zurzeit die besten Fashiontrends?
Ehrlich gesagt, renne ich keinem Fashion-Trend hinterher, sondern setze lieber auf Modeklassiker, wie einen Blazer, meine geliebte Blue Jeans oder einen Trenchcoat, welche mit kleinen Accessoires zu einem angesagten Fashion-Look werden.

Wofür bist du dankbar?
Für mein Leben, die Liebe und dass ich hoffentlich lange gesund bleibe.

Welche Frauen inspirieren dich?
Agatha Christie, die Ikone der Literaturgeschichte und mit ihrem zeitlosen, eleganten Stil, die ebenfalls unvergessene Grace Kelly.

Wie kamst du auf die Idee, einen Reiseblog zu erstellen?
Ich wollte Menschen zeigen, wie schön unsere Welt ist, auf der wir leben und es wundervolle Orte überall auf dem Planeten gibt, welche manchmal schon in Vergessenheit geraten sind. Wir haben wundervolle Kulturgüter und atemberaubend schöne Fleckchen Erde, die es wert sind, entdeckt und gesehen zu werden.

Du bist schon um die ganze Welt gereist. Was ist dein Lieblingsort und warum?
Ich habe wirklich viele Lieblingsorte, welche mich an ganz bestimmte Momente in meinem Leben erinnern und für die ich unendlich dankbar bin. Aber einer meiner Lieblingsorte ist die Weltmetropole Wien, in der ich fast zehn Jahre lang meinen Zweitwohnsitz hatte. Das ist einer meiner Sehnsuchtsorte, an dem ich mich immer wohl gefühlt habe. Besonders zur Weihnachtszeit ist Wien einfach zauberhaft, mit seinen vielen Weihnachtmärkten, den Punschständen und der großen Eislaufbahn auf dem Rathausplatz.

Was ist das Verrückteste, was du auf deinen Reisen erlebt hast?
Ich durfte den Start im Cockpit eines Reisefliegers von Stuttgart nach Mallorca miterleben, trotz des Verbots, Passagiere mit ins Cockpit zu nehmen. Ich habe leider entsetzliche Flugangst und beschloss vor dem Start, nicht in das Flugzeug einzusteigen. Alle Passagiere warteten bereits im Flugzeug auf mich. Deshalb kam die Stewardess auf das Rollfeld und überzeugte mich, doch noch mitzufliegen. Sie stellte mich anschließend dem Piloten im Cockpit vor, welcher kurzerhand beschloss, dass ich im Cockpit bleiben solle. So durfte ich den Start des Flugzeugs

im Cockpit hautnah miterleben und bekam dabei alles erklärt. Denn der Pilot war der festen Überzeugung, dass ich meine Angst nur durch die Konfrontation mit derselbigen überwinden kann. Das war wirklich ein unglaubliches Erlebnis, welches ich nie vergessen werde.

Welche drei Dinge möchtest du erreichen, bevor du stirbst?
Ein Buch schreiben, das in die Bestsellerlisten kommt. Elsa im Disney-Film spielen. Einmal die ganze Welt bereist zu haben.

Interview mit
Dr. Renee Moore-Seiwert

Be unstoppable!

Sie ist „Deutschlands führende Motivationsexpertin" (RTL), Positionierungs- und Verkaufsexpertin und Speaker des Jahres 2020. Renee hat in Neurowissenschaften promoviert und im Alter von 40 Jahren geschafft, ein eigenes, millionenschweres Unternehmen in Europa, Asien und Lateinamerika aufzubauen. Sie ist eine echte Powerfrau!

In den letzten 20 Jahren bereiste Renee die Welt als professionelle Motivationsrednerin und hat Zehntausende von Zuhörern in vielen Ländern in Europa, Asien, und Lateinamerika auf ihrem Weg zum beruflichen und persönlichen Erfolg inspiriert und begeistert.

@reneemoore.official

www.reneemoore.com

Liebe Renee, du bist eine echte Powerfrau! Ich bewundere es, wie viel Selbstvertrauen, Zielstrebigkeit und Selbstbewusstsein du hast, um so vieles zu erreichen! Warst du schon immer so selbstbewusst in deinem Leben? Wie warst du, als du jung warst?
Ich bin in einer sehr armen Familie in Amerika geboren. Manchmal hatten wir nicht genug zum Essen. Es war wirklich schlimm. Doch habe ich einfach sehr früh für mich entschieden, dass ich etwas anderes in meinem Leben haben wollte. Ich wollte etwas anderes erreichen als das, was mein Schicksal war.

Ja, ich bin und war immer sehr zielstrebig. Und es war mir bewusst: „Ja, ich muss meine Zukunft in meine eigene Hand nehmen und etwas für mich erreichen." Ich war nie wirklich selbstbewusst, aber ich habe mir immer große Ziele gesetzt und bin kleine Schritte in die Richtung meiner Ziele gegangen. Mit jedem Schritt sind mein Selbstbewusstsein und das Vertrauen in mir gewachsen. Natürlich hatte ich viele Misserfolge und Rückschläge. Mit jedem Rückschlag, von dem du wieder aufstehst und weitergehst, wächst auch dein Selbstbewusstsein. Es ist ein Prozess. Weißt du was? Ich habe immer noch Angst. Wenn ich auf die großen Bühnen von Gedankentanken oder Ted gehe, habe ich immer etwas Selbstzweifel in mir. Aber ich habe immer das Ziel vor meinen Augen und ich mache es – trotz der Angst. Ich sage mir immer: Mach das trotzdem! Somit lernst du, dir selbst zu vertrauen und anschließend denke ich mir: „Das war doch nicht so schlimm. Das hast du gut gemeistert!"

Welche Erfahrungen hattest du als junges Mädchen mit der Schönheit? Hast du dich schön gefühlt oder eher nicht?
Ich war keine von den hübschen Mädchen in der Klasse. In den kompletten Schuljahren war ich nie eine von den schönen Mädchen. Ich war eins von den klugen Mädchen. Die Klassenarbeiten habe ich immer mit guten Noten geschrieben und jeder hat in mein Jahrbuch geschrieben: „Du strahlst eine innerliche Schönheit aus". Ich war schon immer sehr positiv und spürte viel Liebe und Energie. Somit war die

innere Schönheit bei mir schon immer da, doch die äußerliche Schönheit nicht. Diese ist erst mit der Zeit gewachsen.

Was denkst du, was dir geholfen hat, dich später schön zu fühlen und auch äußerlich schöner zu sein?
Selbstakzeptanz und Selbstliebe – denn jeder ist schön. Jede Person hat etwas Schönes in sich. Bei mir hat jeder gesagt, dass es mein Lächeln ist. Mein Lächeln hat auch viele Menschen zum Lachen gebracht. Das war immer ein Werkzeug von mir und es hat mich schön gemacht. Ich habe angefangen, mich zu akzeptieren und dachte mir: „Hey, das ist ein Teil von mir und das finde ich auch schön. Ich bekomme eine positive Resonanz von anderen Leuten." Hauptsächlich ist es wichtig, wie ich mich fühle. Ich finde es schön, dass ich damit andere glücklich machen kann. Schritt für Schritt habe ich auch andere schöne Dinge an mir entdeckt. Mein Geist, meine Kreativität und all diese Dinge waren schon immer schön an mir, aber äußerlich hatte ich nie diese „normale Schönheit". Ich war nie normal (lacht).

Ich war immer einfach und ich finde, dass Selbstliebe das wichtigste Thema in der Schönheit ist. Du musst dich zuerst lieben, gut pflegen, dich auf deine positiven Eigenschaften fokussieren und das dann auch äußerlich zeigen. Weißt du, ich kenne immer noch Leute, die sagen, dass sie es für sich behalten möchten. Sie sagen, dass sie das nicht immer äußerlich zeigen müssen. Du bist schön, wie du bist. Du bist genau richtig, wie du bist. Du musst das nicht immer allen Leuten äußerlich zeigen, aber es ist schön, wenn du es dann doch zeigst (lacht). Wenn du dich dafür entscheidest, dass du einen Teil von dir mit den anderen teilen möchtest, ist das schön. Egal, ob es dein Lächeln, deine positive Ausstrahlung oder deine schönen Haare sind, es ist schön, das mit anderen zu teilen. Es bringt den anderen Leuten ebenso gute Gefühle.

Hat dich die Meinung anderer Menschen über dich beeinflusst? Waren das deine Eltern oder Freunde, welche etwas Schlechtes über dich gesagt haben?

Viele Menschen leiden bei dem Thema „äußerliche Schönheit." Wir leiden manchmal durch ein negatives Feedback oder einem negativen Kommentar seit der Kindheit und tragen es ein Leben lang in uns. Mein Papa hat mich verlassen, als ich ungefähr fünf Jahre alt war. Ich war damals relativ dünn. Ich erinnere mich daran, als er mich wieder besuchte, als ich acht Jahre alt war. Die Hormone spielten in mir schon früh verrückt, daher war ich damals etwas kräftiger. Ich habe meinen Papa drei Jahre nicht gesehen und das erste, was er zu mir sagte, war: „Oh, du bist dicker geworden!" Ich habe das bis heute nicht vergessen. Kinder sind so sensibel zum Thema „Akzeptanz von anderen." Dieser negative Einfluss von anderen Menschen, hat eine sehr große Wirkung auf Kinder. Erwachsene und Eltern müssen wirklich aufpassen, dass sie ihren Kindern die richtige Botschaft vermitteln. Die Botschaft ist, dass sie schön sind, genauso wie sie sind. Es ist so wichtig zu wissen, dass viele von unseren Glaubenssätzen bis zum siebten, achten, neunten Lebensjahr schon recht fest im Kopf verankert sind.

Ich habe immer Aufmerksamkeit bekommen, allerdings nicht aufgrund meines Aussehens, sondern wegen meiner Leistung. Ich war die Klassensprecherin oder jemand, der etwas leistet – und das ist auch positiv in mir verankert. Deswegen habe ich viel in meinem Leben geleistet und meinen kompletten Selbstwert mit meinen Leistungen verkoppelt. Erst seitdem ich 45 Jahre alt bin, weiß ich, dass mein Selbstwert nichts mit meinen Leistungen zu tun hat. Ich bin ein human „being" und kein human „doing". Du weißt ja, Lena, dass meine Botschaft in meinem Business „Be unstoppable" ist. Ich glaube, ich muss das ändern, weil ich mittlerweile weiß, dass es viel mehr als Leistung und äußerliche Schönheit gibt. Das muss ich wirklich sagen.

Was hat dir später geholfen, dein Millionen-Business aufzubauen? Du hast größtenteils unter Männern gearbeitet. Wie konntest du das alles erreichen und aufbauen?
Ich hatte eine Kombination aus mentaler Strategie, spiritueller Strategie und Business-Strategie. Ich sage immer, dass das „Mamma-Universe", Gott oder Spirit, uns so viele Geschenke gegeben hat. Es hat uns Talente, unsere Erfahrungen und unser Genius gegeben, deswegen fühle ich mich verpflichtet, mein volles Potenzial in diesem Leben auszuschöpfen. Diese Klarheit, dass das Leben hart sein kann, es nur das Jetzt gibt und wir viel zu tun haben, habe ich aus meiner Kindheit.

Ich hatte unterschiedliche Nahtod-Erfahrungen mit Überflutungen, Tornados und vielen anderen Dingen. Vor allem, als ich sieben oder acht Jahre alt war, hatte ich drei Nahtod-Erfahrungen. Die erste Katastrophe ist um 4:00 Uhr in der Nacht passiert. Wir lebten damals auf einer Ranch in Texas und waren alle zusammen, mit Oma und Opa im Haus. Es gab einen Fluss neben unserer Ranch und von einer auf die nächste Minute hat uns eine Flut erreicht. Ich glaube, es gab ungefähr 100 cm Regen in einer Nacht und es war die ein Hundertjähriges Hochwasser. Das Wasser kam auf einmal ins Haus und wir standen immer tiefer, tiefer und tiefer im Wasser. Wir schauten aus dem Fenster und haben gesehen, wie unser Auto weggespült wurde. Viele Leute wurden getötet und wir dachten, dass auch wir sterben werden. Doch wir haben es überlebt.

Beim zweiten Mal kam ein Tornado direkt vor unserem Haus vorbei. Das dritte Mal war ich Teil eines Unfalls. Es war ein Picknickplatz hoch oben auf einer Klippe, und ich fiel etwa 20 Meter tief und rollte fast von der Klippe in den Tod, wurde aber von einem kleinen Busch gerettet, an dem ich mich mit geschlossenen Augen festhielt... Zentimeter vor meinem Tod. Es waren wirklich unglaubliche Dinge. Und das ging noch weiter. Als ich sieben, neun und zehn Jahre alt war, ist alle sieben Monate jemand aus meiner Familie gestorben. Es war eine harte Zeit, in welcher mir klargeworden ist, dass ich für einen bestimmten Zweck auf die Erde gekommen bin. Ich bin der Meinung, dass Mamma-Universe uns alle für einen bestimmten Zweck hierher geschickt hat, und ich fühle mich verpflichtet, herauszufinden, was das ist und das auch zu erledigen. Das habe ich seit Beginn meines Lebens gesucht. Aus dem Grund habe ich mich im Leben immer weiterentwickelt und langsam wird mir mein Zweck immer klarer und klarer.

Mamma-Universe hat mich nach Deutschland geschickt, um selbstständigen Frauen zu helfen, erfolgreicher zu werden. Und das mit der richtigen Kombination von Business-Strategie, mentaler Strategie und spiritueller Strategie. Jetzt lebe ich meinen Lebensweg – mit 52 Jahren. Übrigens, alle Leser deines Buches bekommen drei Geschenke von mir und können mehr über mich erfahren. Diese drei Geschenke sind: ein Erfolgsplaner, eine Business-Checkliste mit Business-Strategien sowie ein Klarheitsnavigator, um deine wahre Berufung zu finden. Das findest du unter: www.reneemoore.com/3geschenke.

Du hast so viel erreicht. Spürst du die Dankbarkeit dafür?
Ich bin so mega dankbar! Jeden Tag! Ich verrate dir ein Geheimnis meines Erfolges: Ich übe jeden Morgen und Abend Dankbarkeitsrituale. Ich bin so dankbar für alles, was mir Mamma-Universe gegeben hat! In schlimmen Situationen gibt es immer zwei Wege: Du bleibst zu Hause und machst nichts mehr, weil du so kaputt bist – oder du gehst vorwärts. Ich bin wirklich dankbar dafür, dass Mamma-Universe mir diese Energie und diese „Just do it!"-Mentalität gegeben hat. Ich bin auch dankbar für die vielen netten Menschen, die ich auf dem Weg treffe.

Was macht deiner Meinung nach eine Frau schön?
Jeder Mensch ist genau richtig, wie er ist und jeder Mensch hat etwas an sich, was schön ist. Jede Frau ist schön. Und ich glaube, du Lena, weißt es ganz genau, weil das genau deine Expertise ist. Du bringst in deinen Studios die Schönheit aus deinen Kunden heraus. Jede Person hat etwas Schönes in sich. Trotzdem denken viele: „Ich

bin nicht schön. Ich habe Akne." Nur, weil man nicht in den Standard der Schönheit hineinpasst. Aber das Wichtigste ist natürlich das, was in deinem Herzen ist.

Das, was du in deinem Inneren hast, musst du herausbringen, damit andere deine Schönheit sehen können. Ich bin kein Fan von Magazinen. Gott sei Dank, zeigen Zeitschriften, wie Brigitte, seit ein paar Jahren „normale Frauen". Ebenso die Shape Magazine! Früher waren das alles Frauen mit 50 kg Körpergewicht! Das passt natürlich nicht zu mir! Aber zum Glück haben wir jetzt langsam immer mehr echte Frauen in den sozialen Medien und Zeitschriften. Doch ich glaube, dass wir das erst seit fünf Jahren akzeptieren. Es ist unsere Einzigartigkeit und das, was in uns ist, was uns schön macht. Wir müssen lernen, unsere innere Schönheit herauszubringen.

Was sind deiner Meinung nach die häufigsten Fehler, welche junge Frauen machen, wenn sie über Schönheit nachdenken?
Ich dachte mir: „Ich sehe nicht aus, wie die Urlande. Ich habe dunkle und lockige Haare. Ich sehe nicht aus, wie der Standard. Ich bin nicht schön." Aber das ist nicht so! Der Fehler, den die Frauen machen ist, dass sie versuchen, wie alle anderen auszusehen, anstatt ihre einzigartige Schönheit zu entdecken und die Lautstärke an Einzigartigkeit hochzudrehen, wie an einem Radio.

Für mich waren meine Beine schon immer mein schönstes Körperteil. Ich würde nie in Hosen auf der Bühne stehen! Alle meine Kolleginnen sagen: „Ich würde nie in einem Rock auf der Bühne stehen, weil dann alle Männer meine Beine anschauen!" Darauf sage ich: „Wooh! Sie schauen auf meine Beine!" Ich wandere jede Woche 50 km und bin sehr stolz auf meine Beine. Das ist das Ding. Ich kleide mich immer weiblich und zeige meine Beine, weil das mein Lieblingskörperteil ist.

Und weißt du was? Ich möchte eine interessante Geschichte erzählen. Ich bin in einer armen Familie aufgewachsen und bin zu einer kleinen, armen Schule gegangen. Wie man es sich vorstellen kann, waren es um die 300 Schüler von der ersten bis zur zwölften Klasse. Ich habe immer benutzte Kleider getragen, denn ich war die jüngste von vier Mädels in unserer Familie. Somit habe ich nie neue Kleider gehabt. Niemals. Dann, mit ungefähr 12 oder 13 Jahren, war ich schon in meiner weiblichen Form. Meine Tante war in einer Bank angestellt und trug Kleider zur Arbeit. Das waren die schönsten benutzten Kleider, welche ich damals bekommen habe. Ich dachte mir: „Okay! Das ist cool!" Und ich bin jeden Tag mit den Kleidern von meiner Tante zur Schule gegangen. Jeder hat Jeans getragen, aber ich habe mich mit diesen wundervollen Kleidern wirklich schön gefühlt. Das hat mein Selbstbewusstsein gesteigert und meine Schönheit unterstrichen. Ich war meiner Tante sehr dankbar dafür.

Was machst du täglich, um glücklich zu sein?
Das sind viele unterschiedliche Dinge. Ich habe ein Morgenritual, das nur für mich ist. Ich meditiere fast jeden Morgen oder schreibe meine Dankbarkeitsliste in mein Journal. Außerdem übe ich unterschiedliche mentale Trainings, das sich „Priming" nennt. Ich habe gerade mit meiner Sacred-Success-Gruppe über dieses Thema gesprochen. Dabei visualisiere ich die Ergebnisse, welche ich an dem Tag haben möchte und lasse durch mein Gehirn gehen, dass ich es schon erreicht habe. Ich esse gesund, weil gesundes Essen einfach super ist. Ich weiß, dass meine Gefühle in direkter Verbindung mit dem sind, was ich esse, und deshalb ernähre ich mich gesund. Außerdem habe ich täglich eine „Hour of Power." Ich gehe jeden Mittag mit meinem Hund im Wald spazieren. Dieser schöner Wald- Duft geht direkt in meine Sinne und macht mich glücklich. Sport macht mich auch glücklich. Ich habe einen Business Programm mit vielen Soulmate-Kunden und das macht mich ebenfalls glücklich.

Meine Mutter hat mir immer gesagt, dass ich selbst für mein Glück verantwortlich bin. Das ist sehr tief in mir verankert. Ich weiß, dass niemand anderes für mein Glück verantwortlich ist – außer mir. Jeder von uns ist für sein eigenes Glück verantwortlich und jeder Mensch muss seine eigene Routine finden, mit dem, was ihn glücklich macht. Du kannst das nicht an deinem Partner, deinen Freunden, deinem Job, deinen Kunden abgeben und sagen: „Hey, ich bin deinetwegen nicht glücklich!"

Und wie schaffst du das alles zeitlich?
Morgens ist das Wichtigste für mich, dass ich keine Termine vor 10 Uhr vereinbare. Ich bin ein Morgenmensch und ich stehe ungefähr um 6 Uhr auf. Wenn du ein Abendmensch bist, solltest du diese wertvolle Zeit abends für dich nehmen. In dieser Zeit machst du etwas für dich, damit du dich wohlfühlst. Glücksritual. Meditationen. Ich glaube, du musst das einfach planen und umsetzen!

Was sind deine drei besten Tipps für junge Frauen?
Erstens: Social Media einfach ignorieren. Zweitens: Du solltest einfach akzeptieren, dass du einzigartig und genau richtig bist. Hör auf, dich zu vergleichen, denn du bist einzigartig. Du bist schön und du bist genau richtig, wie du bist. Es ist gut, einzigartig zu sein. Und drittens: Selbstliebe. Lerne, dich in Liebe zu akzeptieren. Der Schlüssel zum Erfolg, zum Glück, zu einer glücklichen Beziehung, zu einem erfolgreichen Job ist deine Selbstliebe. Du bist die Nummer 1.

Was ist dein Lieblingsbuch?
Mein neues Buch, welches auf dem Markt ist. Es heißt „Hour of Power" by Renée Moore. Du findest es auf Amazon und es hat viel mit diesen Ritualen und der Zeit für dich zu tun. Aber außer Hour of Power, wird mein nächstes Lieblingsbuch wahrscheinlich dein Buch sein! Ich freue mich darauf. Und drittens ein Buch von Joe Dispenza. Es heißt auf Deutsch „Werde übernatürlich" und hat viel mit dem Quantenfeld zu tun, deinem Überbewusstsein und wie du in deine volle Kraft kommst.

Interview mit Tara von TamTamBeauty

Die Schönheit, von der ich spreche, erkennt das Auge nicht.

Tara ist eine junge erfolgreiche Styling-Expertin, YouTuberin und Wirtschaftsingenieurin. Im Jahr 2013 eröffnete sie ihren YouTube Kanal „TamTamBeauty". Aus ihrem Hobby entwickelte sich regelrecht eine Berufung.

Mittlerweile zählt Tara über eine halbe Millionen Abonnenten auf YouTube. Sie postet auf weiteren sozialen Netzwerken wie Instagram, Snapchat und Twitter rund um die Themen: Beauty, Lifestyle sowie Mode und führt ihre eigene Kosmetikmarke „TamTamBeauty". Sie gehört zu den erfolgreichsten Influencern in ganz Deutschland.

@tamtambeauty

Wieso hast du diese Schulrichtung gewählt? Was hat dich dazu motiviert und was gefällt dir an diesem Beruf?
Ich war damals eine Niete in Mathematik, weil ich einen ganz doofen Lehrer hatte, aber in Physik hatte ich das Glück, dass der Lehrer sehr cool war. Er hat uns alles hundert Millionen Mal erklärt und die Physik hat mich auch in den letzten Jahren sehr beeindruckt. Deswegen habe ich mich für dieses Studium entschieden, zusätzlich auch, weil mein Vater auch ein IT-Ingenieur ist. Was mir aktuell an dem Beruf gefällt, kann ich leider nicht sagen, weil ich den Beruf nie ausgeübt habe. Ich habe natürlich auch Praktika gemacht, aber mein aktueller Beruf ist im Social Media Business. Ich kann mir absolut nicht vorstellen, zusätzlich eine Ingenieurin zu sein und das alles gleichzeitig zu machen. Aber tatsächlich habe ich mich sehr für diese Studium Richtung begeistert und deswegen auch dafür entschieden.

Was hat dich daran gehindert, es nach dem Studium weiter als Beruf auszuüben?
Ich habe sehr viel Spaß im Social Media Leben gefunden und früher immer YouTube-Videos geschaut. Deswegen hat mir dann irgendwann mein Bruder ein Schnittprogramm gezeigt und gesagt, dass ich das auch einmal machen sollte. Ich habe so viel Spaß daran gefunden und dadurch, dass ich im Wirtschaftswesen tatsächlich nur von Männern umgeben war, fühlte ich mich eben auf YouTube und Instagram sehr wohl und wie von Freundinnen aufgenommen. Die Mädels haben mir zugehört, meine Ratschläge angenommen und ich wurde wie eine Schwester für alle. Das hat mir auch sehr gefallen, weil ich gerne eine große Schwester für meine eigenen Schwestern bin. Ich durfte irgendwann auch mit meinen liebsten Brands arbeiten und wollte das nie aufgegeben.

Wie bist du dazu gekommen, Influencerin zu werden? Ist es so einfach, wie es sich manche jungen Mädchen denken?
Nein, also ich habe tatsächlich nicht gewusst, dass man damit Geld verdienen kann. Dieser ganze Hype, der jetzt heutzutage darum ge-

macht wird, war uns damals gar nicht bewusst. Ich habe vor acht Jahren angefangen und da war das einfach nur eine Nebensache, welche man als Hobby gemacht hat. Man hat auch kein Geld verdient. Als ich nach einem halben Jahr meine ersten $70 auf meinem Google Konto gesehen habe, habe ich mich gefragt, woher diese gekommen sind. Als Influencer schafft man es wirklich nur, wenn man es aus Liebe und Leidenschaft macht. Es schafft nicht jeder, irgendwann davon leben zu können. Nur, wenn du es wirklich liebst, schaffst du es und kannst das zu einem Full-Time Job machen. Man muss immer präsent zu sein und hat auch nie wirklich eine Pause – auch nicht im Urlaub. Man muss es sich so vorstellen, dass manche Influencer sogar ihre Geburten mitfilmen. Man hat wirklich nie Ruhe und deswegen muss man eben diese Liebe und diesen Spaß daran haben.

Welche Erfahrungen hast du als junges Mädchen über das Thema Schönheit gemacht? Hast du dich schon immer schön gefühlt oder eher nicht?
Tatsächlich war das bei mir in meiner Schule nie ein Ding. Ich war sehr, sehr schlank und manche Mädels oder Jungs haben zu mir gesagt, man könnte mich gar nicht umarmen, oder: „Du brichst doch irgendwann auseinander." Es hat mich aber nie wirklich verletzt. Ich habe irgendwann ein wenig zugenommen und dann wieder abgenommen, aber es war für mich nie so, dass ich es für irgendwen gemacht habe. Man lässt sich von außen schon ein wenig beeinflussen, aber bei mir war das nie wirklich ein Problem. Meine Eltern haben uns auch nicht beigebracht, dass man auf sich besonders achten muss. Wir waren immer alle gleich schön und das Thema hat mich in meiner Jugend nicht so krass begleitet. Klar hat man sich auch geschminkt, aber das hat man am Abend wieder abgewaschen. Ich war immer gerne ich, wollte niemand anderes sein und ich denke, das liegt immer am Umfeld und an der Erziehung.

Um deinen eigenen YouTube-Kanal zu betreiben, brauchst du bestimmt viel Mut und Selbstbewusstsein, oder?
Ich habe tatsächlich mein Selbstbewusstsein durch YouTube und Instagram entdeckt. Davor war ich sehr schüchtern, habe zu allem ja gesagt und war immer ein Mitläufer. Wenn jemand etwas gemacht hat, habe ich das mitgemacht und es war nie so, dass ich etwas von meinem eigenen Willen her gemacht habe. Als ich mit YouTube angefangen habe, war ich nicht sehr selbstbewusst. Ich hatte total schwitzige Hände und meine Haare waren frisch gewaschen, sahen aber fettig aus, weil mein ganzer Kopf so geschwitzt hat. Ich glaube, das ist normal als 23-jähriges Mädchen, die sich einfach vor eine Leinwand hingesetzt hat. Ich habe viel YouTube geguckt, wusste dann auch ein bisschen, wie es die anderen machen und habe das nachgemacht. Doch mein eigenes Selbstbewusstsein habe ich erst später, dank YouTube und Instagram bekommen.

Wie war dein Weg zu deiner Schönheit?
Es ist bei allen unterschiedlich, aber ich habe mich nie „nicht schön" gefühlt. Deswegen glaube ich, dass der Weg der Schönheit bei jedem Menschen ein Leben lang ist.

Was hat dich im Leben positiv oder negativ zum Thema Schönheit beeinflusst und wer hat dir geholfen?
Meine Mama hat tatsächlich immer gesagt: „Ach, es ist doch egal, wenn da jetzt ein Pickel ist" oder „Ach, Quatsch. Das ist doch nicht schlimm. Das geht wieder weg" oder auch: „Quatsch. Eis lässt alles andere in deinem Magen schmelzen". Sie hat nie wirklich ein Thema daraus gemacht, auch nicht, ob wir uns schön fühlen.

Mein Vater hat immer gesagt: „Alles vergeht, nur deine Augen bleiben." Das ist mir im Kopf geblieben. Auch meine Chorlehrerin hat immer gesagt: „Die Augen lachen und nicht der Mund."

Und das ist für mich Schönheit. Für mich ist es nicht wichtig, wie lang oder wie toll die Haare sind und wie schön die Haut ist, sondern was du für einen Charakter hast. Wenn du dich gut fühlst und glücklich bist, strahlst du auch Schönheit aus. Völlig egal, wie du aussiehst.

Du bist noch sehr jung. Wie konntest du so viel in solch kurzer Zeit erreichen?
Ich bin jetzt 30 Jahre alt. Doch ich würde sagen, dass ich auch sehr viel Glück hatte, denn damals gab es nicht so viele Instagram Blogger und vor allem nicht so viele südländische. Ich war somit eine der Ersten.

Hat dich die Meinung anderer Menschen über dich in irgendeiner Weise beeinflusst?
Absolut. Also ich glaube nicht, dass es in ein Ohr hineingeht und aus dem anderen wieder heraus. Sondern auch, dass man darüber nachdenkt und vielleicht mit jemandem, der dich mag, bespricht. Ich würde sagen, wenn es ums Leben und die Sichtweise ging, habe ich viel von anderen gelernt. Aber es tut schon weh, wenn man Hater-Kommentare bekommt. Ich muss aber zudem sagen, dass die Kommentare schon sehr schlimm sein müssen, wenn es wehtut. Das hat mir ungefähr dreimal sehr starke Magenschmerzen bereitet. Aber ansonsten habe ich ein sehr stabiles Umfeld, die dann auch schnell sagen, dass es der völlige Quatsch ist und ich glaube, dass das ganz wichtig ist.

Welchen Rat würdest du aus deiner jetzigen Sicht dir selbst geben, wärest du noch ein junges Mädchen?
Dass man eine eigene Meinung besitzen und diese auch sagen und durchsetzen darf. Ganz oft ist es so, dass man sich selbst sagt: „Nee, was denken die anderen?"

Ich würde meinem jungen Ich sagen, dass das völlig egal ist. Man ist einfach viel glücklicher, wenn man auf die eigene Meinung hört.

Warum war es für dich notwendig, deine eigene Make-up Marke zu entwickeln? Kannst du uns ein bisschen über deine Marke und Produktlinie erzählen?
Ich habe über die Jahre tatsächlich sehr viel Make-up und sehr viele Brands kennenlernen dürfen. So konnte ich dann die meisten Benefits von Make-up für mich zusammenstellen. Zum Beispiel haben wir eine To-Go Palette herausgebracht. Wenn ich im Urlaub oder bei meinen Eltern war, bin ich immer hin und her gependelt. Meine Schwester und meine Mama haben sich nie viel geschminkt. Ich habe immer meine eigenen Sachen mitgenommen und immer irgendetwas vergessen. Deswegen haben wir eine To-Go Palette entwickelt und Lidschatten, Contour, Highlighter und Blush hineingepackt. So haben wir uns dann immer weiter gesteigert. Ich konnte immer wieder auf das Feedback anderer hören, was ein ganz großes Privileg ist. Und dadurch, dass ich sehr viel teste, weiß ich auch, was sich am besten lohnt.

Wir haben jetzt drei Produkte auf den Markt gebracht, welche auch im dm-Drogeriemarkt gelistet sind und wirklich gut angenommen werden. Die Mädels benutzen das sehr gerne. Ich habe auch geschaut, dass es für Allergiker geeignet ist, da ich selbst auch gegen vieles allergisch bin. Wir haben viel Persönliches mit hineingenommen, wie die Namen meiner Schwestern, die Lieblingsfarbe meiner Mama und sogar das Wangenrot, was meine Oma hatte. Dadurch ist das sehr persönlich und ich habe mir auch sehr viel Zeit und Liebe genommen, damit wirklich alles perfekt wird. Da ich eine Plattform habe, auf der ich das erzählen kann und ein Gesicht zu einer Marke bin, kam das super an. Das ist zum einem ein Vorteil, zum anderen manchmal auch ein Nachteil, wenn es irgendwo Probleme gibt. Das ist aber tatsächlich nicht oft vorgekommen, und wenn doch, war es natürlich immer „Taras" Schuld. Das hat man bei normalen Marken nicht, aber weil ich meinen letzten Schweißtropfen gegeben habe und die Leute alles live mitverfolgen konnten, ist diese Marke umso vertrauenswürdiger.

In deinen Videos gibst du verschiedene Schminktipps. Kannst du unseren Lesern bitte deine besten drei Tipps nennen?
1. Ein Beauty Blender muss immer sauber gemacht werden und ein feuchter Beauty Blender verändert wirklich ganz viel. Gerade bei pudrigen Produkten oder einem Highlighter kann man damit einfach nochmal darüber gehen. Das sieht so schön aus und verschmilzt ganz toll mit der Foundation.
2. Über die Jahre habe ich gelernt, Muttermale nicht mit Make-up zu bedecken, weil es gräulich wird und nicht schön aussieht. Das habe ich nämlich bei mir immer gemacht und auch verändert.
3. Was ich auch sehr gerne benutze, ist Primer für meine Wimpern, weil ich damit über den ganzen Tag hinweg keine Krümelchen auf meinem Gesicht habe. Ich finde auch, dass es die Wimpern zusätzlich ein Stück pflegt.

Welche schwierigen Zeiten hast du in deinem Leben gemeistert und was hast du daraus gelernt?
Wie jeder andere auch, hatte ich als Teenager zum Beispiel Trennungen oder Streit mit den Eltern oder Geschwistern. Ich glaube, dass man mit jedem Mal, wo man auf den Boden liegt, besser wieder aufsteht. Das habe ich von meinen Eltern gelernt. Jedes Mal, wenn man wieder aufsteht, wächst man daran. Ich glaube auch, der Tod meiner Oma hat sehr viel mit mir gemacht und mir erlaubt, freier zu leben und ein guter Mensch zu sein. Sie hat wirklich nie über irgendjemandem ein schlechtes Wort verloren und war so ein wunderbarer Mensch, was ich mir von ihr abschauen kann. Ich glaube aber auch, dass die ganz vielen kleinen Dinge eine Menge ausmachen.

Hast du dich schon einmal allein gefühlt? Und was machst du, wenn du einsam bist?
Ich habe schon einmal erzählt, dass es eine ganz einsame Phase in meinem Leben gab. Nach meiner ersten Trennung war ich sehr verloren und wusste nicht so richtig wohin. Aber diese hat mich sehr stark herauskommen lassen. Ich habe mich viel mit Freunden getroffen. Da-

mals habe ich in Gummersbach studiert und gelebt. Auf Empfehlung meiner damaligen Managerin, bin ich dann nach Köln gezogen. Sie hat gesagt: „Hey, zieh nach Köln. Hier sind deine Freunde, hier ist das ganze Leben. Du kannst nicht jeden Tag 50 km hin und 50 km wieder zurückfahren." Ich habe mich auch in der Stadt, in der ich gelebt habe, nicht gut gefühlt und bin dann nach Köln, in eine WG gezogen. Nach einem Jahr habe ich meine eigene Wohnung mitten in der Kölner Innenstadt gehabt und bin viel ausgegangen. Ich bin gerne rastlos, wenn ich mich allein fühle.

Du reist sehr viel. Was gefällt dir am meisten am Reisen?
Auch da muss ich mich ein bisschen zurückerinnern, weil ich damals wirklich sehr viel gereist bin. Jetzt, dank Corona, natürlich nicht mehr so viel und wenn, nur noch privat und beruflich fast gar nicht mehr. Es hat mir immer sehr gefallen, dass ich so schnell überall war. Meine Seele ist manchmal gar nicht angekommen, weil ich teilweise schon vorgepackte Koffer hatte und weitergeflogen bin. Ich habe mich aber immer sehr gefreut, die ganzen Mädels wiederzusehen. Wir haben uns auf der ganzen Welt immer wieder getroffen. Einmal haben wir uns in Amerika gesehen oder dann wieder in Finnland. Das war wirklich sehr, sehr cool und das durfte ich alles mit meinen Freundinnen erleben.

Fühlst du dich jetzt glücklich? Was machst du täglich, um dich glücklich zu fühlen?
Absolut. Ich bin sehr glücklich. Ich bin mit einem wunderbaren Mann verheiratet, habe ein ganz tolles Team und einen großartigen Job. Und ja, ich wünschte, meine Mama würde hier um die Ecke wohnen – aber man kann ja nicht alles haben. Dann fahre ich halt die drei Stunden zu ihr. Außerdem mache ich den ganzen Tag tatsächlich das, was mir gefällt. Ich liebe meinen Job sehr, deswegen macht er mich unendlich glücklich. Ich esse mein liebstes Essen, wenn ich Lust darauf habe, und mache auch die kleinen Dinge, wie meine Nägel, wenn es mir gefällt. Ich schaue mir die vielen Sachen an, die ich zugeschickt bekomme,

experimentiere damit oder lese die neusten Trends. Das, was mich erfüllt, ist mein Job und damit kann ich meinen ganzen Tag füllen.

Wo schöpfst du täglich Kraft und Energie? Vielleicht kannst du deine besten drei Tipps für den Alltag einer Frau geben?
Ich würde sagen, ich schöpfe meine Kraft bei Freunden und gerade bei denen, die vielleicht nichts mit meinem Job zu tun haben. Da kann ich meine Batterien wieder aufladen. Ich habe eine Freundin, mit welcher ich seit der Grundschule befreundet bin und meine Schwester – diese natürlich schon mein Leben lang. Wenn ich mich mit den beiden unterhalte, fühle ich mich super. Ansonsten gehe ich ganz gerne in den Wald. Ich ziehe einfach meine Gummistiefel an und gehe mit einem schönen Hörbuch im Ohr spazieren.

Kannst du uns bitte ein paar Dinge über dich erzählen, welche deine Fans noch nicht über dich wissen?
Mit 30 habe ich mir überlegt: „Was wolltest du schon immer machen, konntest es dir aber nie leisten?" Dann kam ich auf die Idee, mir ein Klavier zu kaufen und Klavierspielen zu lernen. Das weiß noch niemand, weil ich es noch nicht erzählt habe. Und was ich sehr gerne esse, ist gefüllter Darm, eine kurdische Spezialität. Das gibt es auch bei Arabern und teilweise bei Iranern. Es hört sich komisch an und ganz viele ekeln sich davor, doch ich liebe es und würde sehr weit dafür fahren.

Interview mit Sofia K. Weichelt

Unvollkommenheit ist Schönheit, Wahnsinn ist Genialität und es ist besser, absolut lächerlich zu sein, als total langweilig.

Marilyn Monroe

Sie ist meine Tochter. Mit ihren 19 Jahren hat sie das Technische Gymnasium beendet, Ausbildungen zur Kosmetikerin und Trichologin absolviert, die Bücher „Beauty Bibel für Haut und Haare" und „Good Hair Day – Haarausfall natürlich heilen und schönstes Haar erreichen" geschrieben, sich als Haarausfallexpertin positioniert und Kurse entwickelt, um Frauen mit Haut- und Haarproblemen zu helfen.

Sofia hat angefangen, ihren eigenen YouTube Kanal erfolgreich zu führen und wirkungsvolle Haaröle herzustellen, mit klinisch-getesteten Inhaltsstoffen, die die Haare verdichten und gegen Haarausfall helfen. Sie steht am Anfang ihrer beruflichen Karriere. Ich bin sehr stolz auf sie.

@sofiakweichelt

www.diebeautybibel.de

Was war deine größte Herausforderung bezüglich deiner inneren und äußeren Schönheit, welche du in Pubertät überwunden hast?
Ich habe immer versucht, meine Haut- und Haarprobleme zu überdecken, anstatt sich mit ihnen zu befassen. Ich wollte sie nicht als eine Herausforderung anerkennen. Deswegen habe ich versucht, meine Pickel zu überschminken, mir irgendwelche Extensions in die Haare hinein zu clipsen und all meine Beschwerden zu überdecken. Das habe ich getan, weil ich nicht wollte, dass jemand herausfindet, dass etwas mit mir nicht in Ordnung war. Für mich war es erst einmal schwer, aus meinem Versteck herauszukommen. Es hat eine Zeit gebraucht, bis ich wirklich erkannt habe, dass dies keine langfristige Lösung ist. Mir war es immer wichtig, was andere Leute über mich sagen. Weil ich früher gemobbt wurde und dreimal die Schulen gewechselt habe, war es für mich nie das allerwichtigste, beste Noten zu schreiben, sondern dass mich jeder mochte. Ich hatte immer ein Problem damit, wenn mich jemand nicht mochte und ich konnte nicht mit Kritik umgehen. Es gibt aber Menschen, die sich einfach nicht verstehen – das ist einfach so. Doch ich wollte, dass mich wirklich jeder einzelne mag und akzeptiert. Als Ausländerin wurde ich in der Grundschule und weiterführenden Schule viel gemobbt, weil ich kein Deutsch konnte. Daher habe ich mir in den weiteren Schulen gesagt: „So, jetzt muss mich jeder einzelne mögen und dafür muss ich alles dafür tun." Ich habe mich immer angepasst, um nicht mehr so zu leiden wie früher und habe nie wirklich auf mein inneres Gefühl gehört. Ich habe immer nur das getan, was andere von mir sehen wollten, anstatt auf mich selbst zu hören und zu tun, was mir guttut. Ich bin immer den anderen nachgelaufen, obwohl ich selbst genau wusste, dass ich das nicht bin.

Wenn du dich als vierzehnjähriges Mädchen treffen würdest, welche drei Tipps würdest du dir geben?
Als erstes gibt es Menschen, die nicht zu dir passen und das ist völlig okay. Du musst dich nicht verbiegen, nur um einer Person zu gefallen. Du solltest anfangen, auf deine eigene Meinung zu hören und dein Leben so zu leben, wie du es möchtest. Mein zweiter Tipp ist, das Make-up, das man aufträgt, auch abzuwaschen. Ich habe schon früh, mit

ungefähr 12 bis 13 Jahren, angefangen mich zu schminken weil es mir Spaß gemacht hat. Doch ich dachte, man trägt es auf und es verschwindet am nächsten Tag wieder. Ich wusste einfach nicht, dass ich mein Makeup jeden Abend gründlich abwaschen muss. Dann sind Pickel gekommen und ich wusste nicht, woher. Du findest es vielleicht lustig, aber es gibt viele Menschen, die das auch nicht wissen. Sie tragen jeden Tag Mascara auf und schminken diese erst am Ende der Woche ab. Mein dritter Tipp ist, mehr Zeit mit sich selbst zu verbringen. Ich war immer mit anderen Menschen draußen, weil ich ständig etwas mit anderen Menschen unternehmen wollte. Ich dachte, ich würde etwas verpassen, wenn ich nicht dabei bin und kein glückliches Leben führen, wenn ich allein bin. Jetzt nehme ich mir immer den Sonntag als einen Tag für mich. Am Sonntag vereinbare ich keine Termine, treffe mich mit niemanden und mache ein Ritual ganz für mich. Nach dem Gassi gehen mit meinem Hund und meiner Morgenroutine, gehe ich ins Bad und schließe die Tür für ein paar Stunden ab. Dort mache ich es mir schön, stelle Kerzen auf, zünde mir Salbei an, höre schöne und entspannte Musik und pflege mich. Ich mache mir zum Beispiel ein schönes Bad und eine Körpermassage mit Öl. Ich öle mich komplett ein und massiere mich selbst. Man merkt, um wieviel man sich besser fühlt, wenn man sich eine Massage gönnt. Ich lasse mir ein bisschen mehr Zeit, um meine Haare zu waschen und mich im Spiegel anzuschauen. Und ja, das ist so ein schöner Tag, weil ich mit mir allein bin und meinen Kopf zurücklehnen kann.

Was machen junge Mädchen falsch mit ihrer Haut und den Haaren?
Sie machen ganz vieles falsch, vor allem, dass sie auf die Meinung von anderen hören. Anstatt sich richtiges Expertenwissen anzuhören, fragen sie ihre Freundin, ihre Mutter oder Bekannten, was diese für Produkte benutzen. Diese holen sie sich selbst und fragen sich, woher die Haut- und Haarprobleme kommen. Viele wissen einfach nicht, dass jedes Haar und jede Haut komplett unterschiedlich ist und jeder eine individuelle Lösung braucht. Ein Produkt kann vielleicht deiner Schwester helfen, das bedeutet aber nicht, dass es dir helfen wird. Deswegen finde

ich, dass junge Mädchen auf keinen Fall nur auf die Meinung anderer hören und irgendwelche Produkte kaufen, sondern sich selbst und den Körper besser kennenlernen sollen. Wie reagiert meine Haut darauf, wenn ich dies probiere? Wie reagieren meine Haare darauf, wenn ich dieses Produkt benutze? Warum? Sie müssen sich diese Fragen stellen und auf sich selbst achten.

Du hast ein 25-Tage Kurs erstellt. Wie bist du darauf gekommen und warum hast du darüber ein Buch geschrieben?
Bei der Arbeit im Kosmetikstudio habe ich bemerkt, dass viele Frauen gar keine Ahnung haben, wie sie ihre Haut und Haare pflegen müssen. Daher sah ich es als notwendig an, einen Online-Kurs dazu auf die Beine zu stellen. Während der Pandemie waren alle zu Hause und niemand konnte ins Kosmetikstudio gehen. Viele verzweifelten darüber, wie sie ihre Haut- und Haarprobleme in den Griff bekommen können, um sich wohlzufühlen.

Ich habe diesen Kurs entwickelt, damit sich auch wirklich jeder Zeit für sich nehmen kann, um seine Haut- und Haarprobleme zu bekämpfen und einen Weg zu finden, Haut und Haare auf natürliche Weise zu pflegen. Ebenso sollte jeder, der am Kurs teilnimmt, auch Resultate sehen, ohne viel Geld für Behandlungen oder Produkte auszugeben.

Worum geht es in deinem 25-Tage Kurs?
In dem Kurs lernen sich die Frauen besser kennen, indem sie ihre Haut und Haare analysieren und wir forschen nach den Ursachen der Probleme. Die Frauen machen Tests und finden ihren eigenen Hauttyp und Haarzustand heraus, stellen ihre Pflegeroutinen und Ernährungsplan zusammen, können ihre eigenen Pflegeprodukte herstellen und vieles mehr. Außerdem schauen wir, an welche Mythen die Teilnehmerinnen glauben, wie zum Beispiel, dass in Naturkosmetik keine schädlichen Inhaltsstoffe verwendet werden, und entfernen diese aus ihren Denkmustern. Wenn sie die Ursachen für die Probleme herausgefunden haben, erstellen wir ganz neue Pflegeroutinen für die Haut und für die

Haare, damit sie wirklich langfristige Ergebnisse bekommen. Die Produkte, die man heutzutage benutzt und in der Drogerie kaufen kann, können vielleicht 6 bis 8 Wochen lang helfen. Danach kommen die Probleme wieder und die Frauen sind auf dieses Produkt angewiesen, um einigermaßen okay auszusehen. Beim 25-Tage Kurs lernen Frauen nicht nur, wie sie kurzfristig schöne Haut und schöne Haare bekommen, sondern wie man sie ein Leben lang erhalten kann.

Ist dieser Kurs für jede Frau oder nur für die jungen unter ihnen?
In dem Kurs gehen wir individuell auf jede einzelne Frau ein und ich berate diese auch alle. Wir haben außerdem eine ganze Community, in welcher sich die Frauen austauschen. Wenn eine Frau älter ist, sieht die Pflegeroutine natürlich anders aus als die einer jungen Frau. Deshalb ist es immer gut, wenn man sich in einer Community austauschen kann und ich zeige jeder Frau, wie sie ihre Haut und Haare richtig zu pflegen hat.

Hast du noch ein Geschenk für alle Frauen vorbereitet?
Ja, ich habe einen kostenlosen Workshop zum Schnuppern für alle Leser. Diesen findest du auf **www.diebeautybibel.de/workshop**. Das ist ein kostenloser Workshop, in dem ich zeige, wie man mit einem 5-Schritte-Fahrplan Haarausfall und Akne bekämpfen kann. Dieser Workshop ist für Frauen gedacht, die unzufrieden mit ihren Haaren und ihrer Haut sind.

Magst du deinen Körper oder meinst du, dass er besser oder schöner sein könnte?
Naja, was heute schön ist, ist in zehn Jahren wiederum ganz anders. Schönheitstrends wechseln alle zehn Jahre. Zum Beispiel waren vor zehn Jahren eine große Oberweite und kleine Hüften schön. Heutzutage ist es Trend, dass sich Frauen diesen „BBL" machen und den Po vergrößern lassen. Das wird in paar Jahren jedoch wieder out sein und dann fühlen sich diese Frauen wieder nicht schön. Passt man sich immer nur an die Schönheitsstandards an, wird man sich niemals wirklich schön fühlen, sondern nur etwas hinterherrennen. Ich finde mich

selbst schön. Mein Körper ist schön genug, so wie er ist. Und der Körper ist niemals ein Problem, sondern die Schönheitsideale.

Was würdest du Frauen und Mädchen empfehlen, die ihren Körper hassen? Was würdest du einem Mädchen oder einer Frau mitgeben, wenn sie hässlich genannt wird?
Also, wenn man ein Kind ist, hasst man seinen Körper nicht. Man lebt einfach mit dem Körper und es ist einem völlig egal, wie man aussieht. Erst, wenn man älter wird und die Leute einem sagen, wie man auszusehen hat und man selbst beginnt, sich zu vergleichen, fängt man an seinen Körper zu hassen. Deswegen finde ich es ehrlich gesagt wichtig, das Umfeld zu ändern. Zum Beispiel hatte ich einen Freund, der meinen Körper nicht schön fand, weil ihm eher vollere Frauen gefielen und ich sehr dünn bin. Ich habe die ganze Zeit versucht, mich anzupassen. Es hat nicht funktioniert und ich habe meinen Körper gehasst, bis ich mich von Ihm getrennt habe. Ich habe mir ein anderes Umfeld gesucht und habe jetzt einen Freund, der meinen Körper genauso mag, wie er ist. Das Umfeld macht auf jeden Fall sehr viel aus. Wenn man Leute um sich herum hat, die dich schön finden und es dir auch sagen, fühlst du dich viel besser. Das bezieht sich auch auf den Freundes- und Familienkreis. Man wird es nie jedem Menschen recht machen und es wird nie im Leben jeder mit dir zufrieden sein. Dich kann nicht jede einzelne Person auf dieser Welt lieben und du musst dich damit abfinden, dass manche dich nicht attraktiv finden. Egal, wie du aussiehst, du solltest dich mit den Leuten umgeben, welche dich wirklich wertschätzen und dich dafür lieben, wie du aussiehst.

Kennst du einen Fehler, welchen die meisten Mädchen machen?
Ein Fehler ist das Vergleichen, gerade im Teenager-Alter. Man möchte die Schönste und Attraktivste sein und von allen geliebt werden. Das ist ein Fehler und in diesem Zeitalter von Social Media ist es vor allem schwierig, weil man jeden Tag wunderschöne Mädchen sieht. So steigt der Druck, noch schöner auszusehen.

Hast du irgendwelche Rituale, welche du uns verraten möchtest?
Außer meinem Sonntagsritual, habe ich auch ein Morgenritual. Immer, wenn ich morgens aufstehe, habe ich eine App, damit ich auch wirklich aufstehe und nicht im Bett sitzen bleibe. Sie heißt Alarmy und ist eine Wecker App. Alarmy schaltet sich nur aus, wenn man ein vorher festgelegten Gegenstand abfotografiert. Ich habe diesen Gegenstand bei mir im Badezimmer liegen. Das zwingt mich zum aufstehen und, wenn man schon im Bad ist, ist es einfacher, den Tag zu beginnen. Ich mache dann meine Haut- und Haarpflege-Routine, die ich individuell, wie in dem 25-Tage Kurs, erstellt habe. Ich pflege mich zuerst einmal und gehe dann ins Wohnzimmer. Dort verbringe ich dann ungefähr 15 bis 20 Minuten mit Yoga und Meditation. Danach fühle ich mich super und freue mich direkt auf das Frühstück. Anschließend gehe ich mit meinem Hund Gassi und wenn ich heimkomme, räume ich noch für 10 Minuten auf. Erst dann nehme ich mein Handy und den Laptop zur Hand. Ich finde es morgens immer wichtig, sich zuerst auf sich selbst zu konzentrieren, dann auf die anderen und erst danach auf das Umfeld. Ich habe früher immer direkt nach dem Aufstehen Emails beantwortet und die Wohnung sauber gemacht. Der ganze Tag wurde chaotisch und ich war nicht wirklich glücklich. Deswegen mache ich zuerst etwas für mich, dann für mein Umfeld, zum Beispiel für meinen Hund, und erst danach kommen die Wohnung und die Arbeit.

Worauf bist du im Leben besonders stolz?
Besonders stolz bin ich auf mein Durchhaltevermögen und dass ich immer einen Weg finde, egal, welches Problem ich vor meinen Augen habe. Das ist aber erst mit viel Arbeit und Disziplin gekommen.

Mit welchen Gewohnheiten musstest du kämpfen? Und wie lange hat es bei dir gedauert, bis du sie besiegt hast?
Ja, ich hatte schlechte Gewohnheiten wie Rauchen und Alkohol trinken. Einige Zeit hatte ich damit zu kämpfen und erst als ich angefangen habe, mich richtig zu lieben, konnte ich diese Gewohnheiten ablegen. Denn, wenn man sich selbst wirklich liebt, respektiert man sich und

seinen Körper. Das führt schließlich dazu, dass man aufhört sich selbst zu schaden. Und als ich gelernt habe, wie Selbstliebe funktioniert, habe ich automatisch mit den schlechten Gewohnheiten aufgehört. Ich möchte täglich mein Bestes geben, gesund und energievoll sein sowie mein Leben genießen. Das geht nur, wenn ich mich von schlechten Gewohnheiten wie Rauchen und Alkohol trinken, löse. Das ist einfach nur Gift für den Körper und für die Seele. Das weiß heutzutage jeder. Trotzdem vergiften sich die Menschen täglich, obwohl sie genau wissen, wie schlecht das ist. Wenn dich jemand vergiftet, ist es sehr schlimm. Doch, wenn man sich selbst völlig bewusst vergiftet, ist das nicht ein Desaster? Wenn man aber seinen Körper von Herzen liebt und respektiert, hört man automatisch auf, sich selbst zu vergiften.

Was sind deine 3 besten Tipps, um das Selbstbewusstsein zu stärken?
Mein erster Tipp ist, die Körperhaltung zu ändern. Wenn du dich selbstbewusst hinstellst, verändert sich auch die Chemie in deinem Körper und du fühlst dich automatisch selbstbewusster. Hat man Angst, verändert man automatisch die Körperhaltung. Der Körper ist zusammengezogen, der Rücken geduckt und die Atmung sehr kurz. So vervielfacht sich die Angst im Körper automatisch. Stellt man sich aber bewusst gerade hin mit geradem Rücken, Kopf nach vorne, Brust heraus und einer Powerpose, verändert sich auch das Gefühl im Körper. Man merkt wirklich, wie schnell sich das Selbstbewusstsein stärkt und Energie durch dich strömt. Das habe ich auch erfahren, wenn ich früher nervös war, beispielsweise bei Präsentationen. Da bin ich eine Stunde oder kurz vor der Präsentation schnell auf die Toilette gegangen, habe meine Powerpose gemacht, fühlte mich direkt besser und konnte dann auch die Präsentation viel entspannter starten. Mein zweiter Tipp, um das Selbstbewusstsein zu stärken, ist sich schön anzuziehen. Sobald man sich schön anzieht und seine beste Kleidung trägt, fühlt man sich so gut. Wenn du aussiehst wie eine Million Euro, dann fühlst du dich auch wie eine Million Euro. Es ist ein komplett anderes Gefühl, wenn man mit Jogginghose herumläuft als schön gestylt und in seiner besten Kleidung. Ich kaufe zum Beispiel nur Stücke,

in denen ich mich wie eine Million Euro fühle - und nicht weniger. Sonst ist es für mich eine Geldverschwendung. Mein dritter Tipp ist, sich morgens Affirmationen anzuhören. Ich mag es zum Beispiel, morgens beim Fertigmachen und Schminken Affirmationen auf Spotify anzuhören. Toni Jones ist eine Frau, die immer sehr schöne Affirmationen macht. Man fühlt sich tausendmal besser, wenn man sie anhört. Ich kenne viele ihrer Affirmationen komplett auswendig und spreche alles nach, was sie sagt.

Was machst du täglich, um glücklich zu sein?
Ganz oben steht, mir immer wieder eine Pause zu geben. Ich mag es, jeden Tag hundert Prozent zu geben, doch wenn ich das wochenlang durchziehe, kann ich nach einiger Zeit nicht mehr weitermachen. Deshalb sage ich immer, dass man immer eine Pause machen soll, auch wenn man weiß, dass man mehrere Stunden am Stück schaffen kann. Eine Pause macht so viel aus. Was mich glücklich macht, ist mit meinem Hund in der Natur Gassi zu gehen und zu kuscheln. Sie ist so ein glücklicher Hund. Schaue ich sie an, sehe ich pures Glück in ihren Augen. Keine Sorgen und kein Leiden. Wir Menschen sind Meister darin, zu leiden, ohne dass uns jemand etwas antut. Wir sind gut darin an unserer Vergangenheit zu leiden und sich die Zukunft zu verleiden. Das ganze Leiden kommt von unseren Gedanken und Hunde haben so etwas nicht. Sie sind vollkommen im Jetzt. Wenn ich mich mit Luna auf eine Wiese setze, bin ich mit ihr im Moment und erfreue mich an dem, was gerade ist. Sie liebt es, wie ein Hase auf den Feldern zu springen. Das macht mich selbst auch sehr, sehr glücklich.

Was möchtest du in der Zukunft machen?
Ich habe gemerkt, dass ich sehr vielen Frauen mit meinen Kursen helfen konnte. Einige sagen mir, dass ich ihnen aus ihrer Depression herausgeholfen habe. Das ist viel mehr wert als Geld. Deshalb sind meine Pläne für die Zukunft, auf jeden Fall mit der Beauty Bibel weiterzumachen, sie zu vergrößern und vielen Frauen ihr Selbstbewusstsein zu

stärken. Doch nichts ist fest in Stein gemeißelt, weil ich noch jung bin und ich meiner Zukunft sehr offen gegenüberstehe.

Haaröl

Es gibt viele Faktoren, die zu dünner werdendem oder ausfallendem Haar beitragen können: Stress, Schlafmangel, Vitaminmangel, hormonelle Veränderungen, erhöhte DHT Werte, schlechte Gesundheit der Kopfhaut und vieles mehr. Häufig handelt es sich um eine Kombination aus zwei oder mehr dieser Probleme. Deshalb ist ein ganzheitlicher 360°-Ansatz für das Wohlbefinden der Haare der effektivste Weg, um eine nachhaltige Haargesundheit zu fördern und die Haare lang wachsen zu lassen.

Das, von Sofia und ihrem Team entwickelte, pflanzliche und vielseitige Haaröl enthält eine Kombination klinisch getesteter und veganer Wirkstoffe, die zusammen ein gesundes und ausgewogenes Follikel-Ökosystem unterstützen, während sie die Kopfhaut beruhigen und die Haarwurzel revitalisieren.

Dieses handgemachte, tierversuchsfreie und vegane Haaröl ist frei von giftigen Chemikalien oder schädlichen Nebenwirkungen. Es enthält leistungsstarke Wirkstoffe, die in mehreren klinischen Studien gezeigt haben, dass sie die Haardichte erhöhen und gleichzeitig die Anzeichen von Haarausfall reduzieren, um dickeres und volles Haar zu bekommen. Ergebnisse sind schon in weniger als 90 Tagen zu sehen.

Das Schlusswort

der Interview-Partnerinnen

Das schönste an dir …

… ist nicht die Anzahl der Orte,
die du besucht hast,
Isabella

… ist nicht die Größe deines Business,
Renee

… ist nicht die Anzahl deiner Fans,
Tara

… ist nicht das Aussehen
deiner Haare,
Sofia

… sondern DU, dein Wohlbefinden
und dein Glücklichsein!

Meine finalen Schönheitsworte

Wir alle haben 365 Tage im Jahr zur Verfügung. Was wäre, wenn jeder Tag unseres Lebens katalogisiert würde? Unsere Gefühle, die Menschen, mit denen wir zu tun haben und die Dinge, mit denen wir unsere Zeit verbringen? Und wenn am Ende unseres Lebens ein Museum errichtet werden würde, in welchem genau zu sehen wäre, wie wir unser Leben verbracht haben? Wenn du 80 % deines Lebens mit einem Job verbringst, der dir nicht gefällt, dann wären auch 80 % des Museums genau damit gefüllt. Du wirst Bilder und Zitate sowie kurze Videofilme sehen, welche Szenen unglücklicher Momente zeigen. Wenn du zu 90 % der Menschen, mit denen du etwas zu tun hattest, freundlich warst, würdest du genau das in deinem Museum sehen. Wenn du gerne in der Natur unterwegs warst, am liebsten viel Zeit mit deinen Kindern oder Freunden verbracht hast, wenn du gerne das Leben mit deinem Partner genossen hast, aber all dem nur zwei Prozent deines Lebens widmen würdest, dann wären auch nur zwei Prozent deines Museums damit gefüllt – egal, wie sehr du dir etwas anderes wünschen würdest. Stelle dir vor, wie es wäre, am Ende des Lebens durch dein eigenes Museum zu gehen. Wie würdest du dich dabei fühlen? Wie würdest du dich fühlen, wenn du wüsstest, dass das Museum für immer und ewig so bleiben würde und die Leute sich nur durch dieses, in dieser Form an dich erinnern? Alle Besucher würden dich genauso kennenlernen, wie du tatsächlich warst. Die Erinnerung an dich würde nicht auf dem Leben basieren, das du dir erträumt hast, sondern darauf, wie du tatsächlich gelebt hast.

Mein Ratschlag, den ich dir von Herzen mitgebe, ist: Triff die Entscheidungen deines Lebens schon jetzt und lebe jeden Tag mit so viel Freude und Glück wie möglich, um dein Museum mit vielen wundervollen Erinnerungen zu füllen. Damit du jedem dein Museum gerne zeigen und dich mit Freude und Stolz an dein Leben erinnern kannst!

Deine Lena.

Über die Autorin

Lena Weichelt ist Hautexpertin, Lehrerin, Coach und Unternehmerin. Nach jahrelangen eigenen Hautproblemen, zahlreichen Recherchen, vielen Weiterbildungen über die Haut und ihre Prozesse fand sie endlich heraus, was wirklich der effektivste Weg ist, um Haut nachhaltig zu verbessern. Diese Lösung möchte sie an möglichst viele Frauen weitergeben, damit sie nicht dieselben Irrwege gehen müssen und somit viel Zeit und Geld sparen können.

Seit mehr als zehn Jahren konnte Lena zusammen mit ihrem Team in ihren zwei Kosmetikstudios tausenden Frauen mit ihren Hautproblemen helfen. Sie gründete eine eigene Kosmetik Akademie, an der sie vielfältige Schulungen rund um Kosmetik anbietet. Weiterhin führt Lena regelmäßig Online-Kurse und Workshops zur Verbesserung der Haut durch. Sie ist überzeugt, dass jede Frau in jedem Alter mit einfachen Schritten eine schöne, strahlende Haut haben kann. Und sie glaubt, dass Frauen glücklicher sind, wenn sie sich in ihrer eigenen Haut wohlfühlen.

Einladung zu einem kostenlosen Potenzialgespräch

Gehe auf:
www.lena-weichelt.com
und vereinbare ein kostenfreies Potenzialgespräch.

In diesem Gespräch schauen wir, wo du gerade stehst und erarbeiten mit dir dein persönliches Konzept für deine Haut und dein „Für immer schöne Haut - Projekt" - ganz egal, ob du bereits vieles ausprobiert hast oder vorhast, etwas für dich zu machen, weißt aber nicht, was das Richtige für dich wäre.

Lasse uns auch gerne auf Instagram connecten!

Du findest uns unter:

@lenaweichelthautberatung

Hier zeigen wir dir auch immer wieder in unseren Storys und Beiträgen Kundenergebnisse und Erfolgsgeschichten sowie Tipps und Tricks für eine strahlende Haut.

Tritt unserer Facebook-Gruppe bei!

Du findest sie unter:

„Für immer schöne Haut"

Hier kannst du dich mit anderen Gleichgesinnten und Lena Weichelt austauschen sowie Hautpflegetipps erhalten, die dich näher zu deiner Traumhaut bringen!

Ich lade dich zum kostenlosen Online Live-Workshop „Nachhaltig schöne Haut" ein!

In Workshop geht es um die folgenden Themen:

- 10 Fehler in der Hautpflege, die du vermeiden solltest
- Ursachen für deine Problemhaut
- Weg, um Pickeln und Irritationen verschwinden zu lassen
- 5 goldene Regeln für deine Traumhaut
- Wie du deine Problemhaut in den Griff bekommst
- Wie du dich in deiner Haut wohlfühlst und eine positive Ausstrahlung erreichst
- Geheimnisse einer schönen Frau

Melde dich an, unter:
www.hautpflegeworkshop.com

Online-Kurs „Fußpflege zu Hause leicht gemacht"

Erlerne schnell und sicher die Fußpflege für dich selbst oder wenn du ein Kosmetikstudio eröffnen möchtest.

Um mehr darüber zu erfahren, gehe auf:
www.youaccess.net/kosmetik-akademie/

Melde dich an und erhalte Zugang zu
drei kostenlosen Lektionen, um reinzuschnuppern!

Literaturverzeichnis

Asgodom, Sabine, **Eigenlob stimmt,**
Berlin, 2018

Beck, Tobias, **Unbox your life,**
Offenbach, 2018

Bischoff, Alexandra,
Ich wünsche mir Gelassenheit,
Hamburg 2013

Bischoff, Christian, **Unaufhaltbar**

Dehner, Ulrich, Dehner, Renate,
Steh dir nicht im Weg,
Frankfurt am Main, 2006

Enkelmann Nikolaus B., **Glückstraining,**
Frankfurt am Main, 2003

Emmelmann Christoph, **Schluss mit frustig,**
München, 2011

Elrod, Hal, Osborn, David,
Miracle Morning für Millionäre,
Fehmarn, 2019

Fredrickson, Barbara L.,
Die macht der guten Gefühle,
Frankfurt am Main, 2011

Johnson, Spencer, **Eine Minute für mich,**
Reinbek bei Hamburg, 1996

Hay, Louise, **Spiegel arbeit,**
München, 2008

Hennig von Lange, Alexa, Jauer, Marcus,
Breaking good,
München, 2017

Küstenmacher, Werner
Tiki, Du hast es in der Hand,
München, 2012

Matschnig, Monika,
Mehr Mut zum ich,
München, 2009

Mauch, Anna,
Reine Haut für immer,
Leipzig, 2018

Molinari, Paola,
Lebe statt zu funktionieren,
München, 2010

Peters, Dr. Imke Barbara, **Kosmetik,**
Troisdorf, 2009

Robbins, Tony, **Money,**
München, 2016

Schäfer, Bodo,
Die Gesetze der Gewinner,
München, 2014

Impressum

© 2022 Lena Weichelt

www.lena-weichelt.com
www.kosmetik-weichelt.de
info@kosmetik-weichelt.de

Das Werk, einschließlich seiner Teile, ist urheberrechtlich geschützt. Jede Verwertung ist ohne Zustimmung des Autors unzulässig. Dies gilt insbesondere für die elektronische oder sonstige Vervielfältigung, Übersetzung, Verbreitung und öffentliche Zugänglichmachung.

ISBN 9 783982 380407

Lektorat:
Kerstin Milde, www.mildemedia.com

Grafik, Satz und Layout:
Ina Ludwig, www.inaludwig.de

Bildnachweis:
www.babyfotografie-frankfurt.de,
Dr. Renee Moore-Seiwert,
Isabella Müller, Tara von TamTamBeauty,
Natalie Wagner, Lena Weichelt